Locos, enanos, negros y niños palaciegos

JOSÉ MORENO VILLA
Locos, enanos, negros y niños palaciegos
Gente de placer que tuvieron los Austrias en la Corte española desde 1563 a 1700

Edita: Editorial Doble J, S.L.
C/ Montevideo 14
41013 Sevilla
www.culturamoderna.com
editorialdoblej@editorialdoblej.com
ISBN: 978-84-96875-21-0

Índice

Locos, enanos, negros y niños palaciegos 1
Lista de enanos y bufones por orden
cronológico 19
Datos de todos los personajes por orden
alfabético 11
Lista de negros, negrillos y niños que andaban
en palacio 83

Locos, enanos, negros y niños palaciegos

No se acomete aquí el estudio de la bufonería en España; se trata de disponer al lector para recibir el primer Catálogo de todos los hombres de placer que dejaron huellas en el Archivo Administrativo del que fue Palacio Real en Madrid. Me parece que su número ha de sorprender.

Los eruditos conocen a los enanos y locos que retrataron Ticiano, Moro, Ribera, Francisco de Herrera, Sánchez Coello, Pantoja de la Cruz, Velázquez, Cano, Carreño. En total quince o veinte; cantidad muy inferior a la que arrojan los papeles. Son 123 los que he llegado a catalogar. Y todos ellos vivieron bajo la bóveda temporal de siglo y cuarto. Cabe decir que los Austrias gastaron un loco o enano por año.

El haber abordado esta investigación se debe a dos motivos: primero, al deseo de identificar y fechar algunos de los retratados por Velázquez, y, segundo, satisfacer la curiosidad de algunos investigadores que solicitaban datos sobre enanos o bufones mencionados en cartas particulares.

El trabajo representa año y medio de laboriosa investigación policíaca dentro del Archivo. Si tales sujetos hubieran sido criados normales, con oficio, cargo o misión determinada, hubiera bastado con recurrir a las nóminas o a los asientos o pagos de medias anatas. Pero da la casualidad de que el ser enano o loco no es ni oficio ni cargo; nadie puede ser nombrado loco o enano en tal día de tal año. Además, no todos eran remunerados por la misma oficina. Unos cobraban en raciones de cera, o sea por la Cerería; otros cobraban en panes, por la Panadería; unos son pagados simplemente con mercedes de vestidos; otros no figuran más que en los viajes o jornadas.

De ninguno de ellos se puede hacer una verdadera biografía. No hay datos de nacimiento, lugar o familia, salvo en casos excepcionales. En general sólo puede averiguarse la fecha de entrada, las mercedes que reciben, lo que comen, visten y, acaso, la defunción. Son pequeños héroes que, si alegraron el Alcázar viejo, no han dejado más rastro en la historia que algunos retratos y estas fechas que yo colecciono.

He tenido que perseguirlos en los rincones más pequeños de la Administración, en las cuentas particulares de los zapateros, sastres, gorreros, cordoneros y otros oficios: en las Nóminas, en los gajes de empleados, en las Cuentas del Maestro de la Cámara, en las Mercedes, medias anatas, espectáculos, gratificaciones, empleados, etcétera. En los pliegues más pequeños de la vida palatina.

Esperaba encontrar algo sobre sus costumbres y conducta y, en toda la montaña de papeles, no he tropezado más que con esta orden:

Año 1633. «Para que no suceda el faltar de los aposentos de la reina algunas cosas, como ha sucedido, y lo mismo en los míos, se previenen las cosas que ha parecido convenientes y se ha dado orden para ello al Duque de Alba y a vos la doy para que cuando salieren por la Ante-Cámara y Saleta los muchachos y los locos no los dejen ir hasta haber sabido de los reposteros de camas si falta alguna cosa, para que con este cuidado tengan las cosas el buen cobro que conviene. Vos se lo ordenaréis a los dichos reposteros de camas y los ujieres de saleta.- En Madrid, a 19 de noviembre de 1633-. Al Marqués de Santa Cruz». (Espectáculos, leg. 1).

A pesar de la sequedad o falta de datos que tienen los papeles administrativos, algo se desliza acá y allá en ellos. Por ejemplo, la repetición de esta frase: «que vino de Zaragoza», trae consigo la deducción de que esta ciudad abastecía de locos y enanos mucho más que otras de España. Y es que allá existió un famoso manicomio. Algunos de los dementes fueron traídos a prueba y devueltos por no servir, sin duda, para la diversión de la Corte o porque su estado patológico sobrepasaba los límites deseados.

Por detalles sueltos como éste se averigua que los nobles, emulando a los reyes, tenían sus enanos. Así el Marqués de Eliche, el Conde-Duque y el Duque de Medina de las Torres. Los de Palacio vivían unos en el Alcázar y otros fuera.

Igualmente se ve que unos eran indispensables en los viajes y jornadas (los más divertidos) y otros no. Que Juan Bautista de Sevilla, conocido por Bautista el del ajedrez, era el que jugaba partidas con Felipe IV; y que las negrillas jugaban con el rey. Véase este asiento en Cuentas de Mercaderes (M. 12 y 13). Año de 1665: «En 16 de diciembre, tres varas de bayeta negra de Alconcher para monjil con manga de punta que Su Majestad hizo merced a una negrilla que juega con el rey». Detalles que, como los vestidos o los platos, contribuyen a imaginarse el ambiente de la Corte en aquella época.

Saber que un tal Panela (no el músico) era quien hacía los juguetes al príncipe Baltasar Carlos, no es de gran interés, pero saber que el juguete que le hacía más frecuentemente era el «dominguillo», es ya algo interesante. Desde luego revela que los niños reales no podían tener entonces juguetes como los chicos del más modesto burgués o menestral de hoy. Otro muñequero del Príncipe fue Jorge Salvador, del cual hay una «Memoria de los muñecos de cera y otras cosas que hizo desde 1639 a 1642» (Felipe IV. Leg. 2).

Pero, por encima de estas minucias, lo que más puede interesarnos es lo tocante a los locos y enanos pintados por Velázquez. Por mi indagación sabemos desde hoy que el supuesto Niño de Vallecas se llamaba Francisco Lazcano, y era de Vizcaya, por lo que le llamaban «El vizcaíno». Sabemos la fecha en que se debió pintar el retrato del bufón don Juan de Austria, y por qué se llama éste así. Sabemos de dónde era y cuánto vivió Nicolasito Pertusato. Sabemos el nombre completo y la patria de la conocida por Mari-Bárbola, o sea María Bárbara Asquín, alemana. Tenemos buenas conjeturas para creer que el enano inglés se llamaba Nicolás Bodson u Hodson, y no Antonio, y que fue pintado por Carreño, no por Velázquez. Contamos con una explicación del mote que se le daba a don Diego de Acedo, «El Primo», pues al descubrir que su segundo apellido era Velázquez, nada tendrá de extraño que irónicamente le llamasen primo del pintor. Sabemos que ni el «Bobo de Coria», ni el «Niño de Vallecas» figuraron con estos nombres en los documentos antiguos, sino a partir de un inventario de cuadros de 1789, es decir, de tiempos recientes, en que un desaprensivo llegó a bautizarlos así, como a otro le llamó «El Alcalde de Zalamea».

Por todos estos y otros detalles aparecidos habrá que variar bastantes datos en el Catálogo del Museo del Prado. Así, el retrato de don Juan Calabazas, que se considera pintado entre 1646 y 48, tiene que ser anterior, puesto que el retratado muere en 1639.

¿Qué sentido encerraba esta costumbre de rodearse de enanos, locos o bufones y negros? A primera vista nos resulta repugnante.

De nada nos sirve saber que la moda de tener locos y enanos domésticos es asiática. Que los hubo en Persia, en Egipto y después en Grecia y Roma.

Cuando leemos en Erasmo, *Elogio de la locura*, que un festín era algo insípido si en él faltaba la salsa de la locura, comprendemos, pero que la bufonería en la Edad Media lo invadiese todo, casa, castillo, corte, convento e iglesia, vuelve a sernos extraño.

A esta incomprensión nos conduce sin duda el cambio sufrido por la sociedad y la familia en poco más de un siglo.

De mis charlas con un viejo pariente conservo apuntes de lo que era la casa de mi bisabuelo materno. Su servidumbre estaba constituida por estos personajes pintorescos: Francisco «El Pipero» (cochero) y su lacayito, Miguelín. Ángel, el negro, esclavo manumitido, que quedó en casa voluntariamente hasta su muerte. Este negro se llamaba Ángel Bresca; Ángel por la señora y Bresca por el cabeza de familia. Dato precioso para nuestro tema, porque en Palacio bautizaban a la gentecilla de este calibre con los nombres y apellidos de los reyes y príncipes. Así, don Juan de Austria, el bufón, y otros que se dirá en su lugar. La única misión del negro era la de comprar el pescado para la cena. Aparte del negro y de los citados, componían la servidumbre Mariana, «La Picharda», y Pepa, «La Granadina». La una abría la puerta y la otra cuidaba de la cotorra, más dos costureras diarias para hacer vestidos a los pobres.

¿No suena a raro todo esto? Pues aún hay más. En aquella casa se hacían sopas de galletas para los gatos de la vecindad. Y en la cochera había una carretela y dos mulas, llamadas «Culebra» y «Colegiala», y un perro, llamado «Capitán».

Este conglomerado constituía el ambiente familiar. Perduraba todavía el sentido original de «criado», es decir, de persona alimentada, sostenida y vestida, realmente criada por el señor. Y entre tal persona y el amo existía una relación de cariño verdadero y profundo a pesar de una desigualdad social que no se concibe hoy. Nuestro Ángel Bresca, el negro, ya he dicho que no quiso usar de su liberación y murió en casa, fiel a ella, como elemento de la familia.

Pues bien, lo que aquel negro fue para la casa familiar y lo que la familia fue para él ha de servirnos para ir entendiendo la extraña relación entre locos, enanos y personas reales. Sobre todo en España y durante los siglos XVI y XVII. Porque los locos, u hombres de placer, truhanes y bufones, como se les llamaba, tienen en estos siglos de bufonería cortesana algunos caracteres muy distintos de los de siglos anteriores.

Hay en la bufonería, como en todo, su juventud, su madurez y su decadencia. Su juventud podemos decir que comienza en el siglo VI, para España, con aquel muchacho llamado Mirón, «mimo del rey suevo de Galicia», o aquel «loco fingido que mata al rey Teudis, el año 548, que probablemente se introdujo en Palacio a título de bufón o albardán», o aquel otro «que se hizo albardán, anzy como loco, para vengar la muerte de la reina Amalasante, de la cual era criado». Estos tres que cita Menéndez Pidal en Poesía juglaresca y juglares al tratar de los tipos afines, son los locos más antiguos que conocemos. Y le sigue, aunque ya en el siglo XIII, don Guzbet el bufón (1213) y don Estevan (1260).

Las noticias de estos tiempos son escasas y los documentos de una gran sequedad; pero lo que nos hace llamar a su tiempo período de juventud es la consideración de que entonces ni la agudeza mental ni la destreza del lenguaje se habían desarrollado lo bastante para repentizar contestaciones. A esto se llega en el siglo XV y muy especialmente en Italia. En Lombardía fue donde se llamaron bufones «a los que en las cortes se fingen locos» (Muratori, *Antiquitates italicae*. II 1739, cols. 840-842). Y es sabido que en Italia llegó a ser la vida bastante incómoda a causa de la influencia de estos cínicos. Practicaban realmente el chantaje con su mordacidad y las más altas personalidades los sobornaban para vivir tranquilos.

Fray Íñigo de Mendoza censuraba en España por aquel tiempo lo que los nobles gastaban en sus bufones:

> Traen truhanes vestidos
> de brocados y de seda,
> llámanlos locos perdidos,
> mas quien les da sus vestidos
> por cierto más loco queda.

Pero si el loco de la Edad Media era todavía tosco y vagabundo y si los del siglo XV se distinguieron por su influjo desmedido, sus procacidades y agudezas peligrosas, los del siglo XVII español se nos presentan como productos amansados, domesticados y, sobre todo, abundantísimos. Signos todos de decadencia. Del enano y del loco, como instrumentos familiares, dan perfecta idea las cartas de Felipe II a sus hijas desde Lisboa, publicadas en Francia. Don Felipe no deja de citar en ninguna de ellas a la enana Magdalena o al loco Morata. Se ve que para sus hijas eran personas de grato recuerdo e intimidad. Algo más importante que los señores y damas de la corte para la vida afectiva.

Traslado trozos de dichas cartas, modernizada la ortografía:

«Mucha envidia tiene Madalena a las fresas, y yo a los ruiseñores, aunque unos pocos se oyen algunas veces desde una ventana mía.»
(Carta 2, 1 mayo 1581).

Esta Madalena, cuyo apellido era Ruiz, aparece retratada con doña Isabel Clara Eugenia en un cuadro del Museo del Prado (núm. 861), por un discípulo de Sánchez Coello. Era loca y enana y perteneció a la princesa doña Juana.

«Madalena anda hoy con gran soledad de su yerno, que partió hoy para ahí: aunque yo creo que lo hace por cumplimiento. Y estuvo muy enojada conmigo porque le reñí algunas cosas que había hecho en Belén y en las galeras. Y con Luis estuvo muy brava por lo mismo.»
(Carta 3.ª, 26 junio 1581).

Este Luis es Luis Tristán, criado cuya categoría ignoro. Aparece en las cartas y en las cuentas de Palacio. Alguna vez llegué a pensar si sería el pintor de este nombre, muerto en 1624.

«Madalena fue hoy a la galera después que yo y creo que anduvo un poco mareada; y hasta agora no se osa desmandar mucho por este lugar; creo que es porque no le den grita como las dan a otras, diciéndole: ¡Daca la cuerda!» (Lisboa, 10 julio 1581).

«Madalena está muy enojada conmigo después que os escribió, porque no reñía Luis Tristán por una cuestión que tuvieron delante de mi sobrino, que yo no la oí y creo que la comenzó ella, que ha dado en deshonrarle. Se ha ido muy enojada conmigo, diciendo que se quiere ir y que le ha de matar. Mas creo que mañana se le habrá ya olvidado.» (Lisboa, 23 octubre 1581).

«Yo creo que Madalena no está tan enojada conmigo, pero ha días que está mala y hase purgado y quedado de muy mal humor; y ayer vino acá, y está muy mal parada y flaca y vieja y sorda y medio caduca; y creo que es todo del beber, que por esto huelga de estar sin su yerno.» (Lisboa, 15 enero 1582).

«También van allí unas rosas y azahar, porque veáis que los hay acá; y así es que todos estos días me trae el Calabrés ramilletes de lo uno y lo otro; y muchos días ha que los hay de violetas.» (Lisboa, 15 enero 1582).

Este Calabrés figura también entre los personajes catalogados y hay un retrato suyo en el Prado.

«Madalena me dijo hoy que escribiría y hasta agora no ha venido, que no sé qué se trae estos días que parece muy poco. No sé si el vino tiene alguna culpa de esto; y bueno me pondría si supiese que yo escribo tal cosa. Y Morata está aquí agora y un poco asido y con el mayor desasosiego del mundo.» (Lisboa, 29 enero 1582).

Por esta carta se ve que el loco Morata sufría ataques; en aquel momento se hallaba asido o preso de uno. Lo cual nos revela que no todos los llamados en Palacio «locos» eran «hombres de placer» o bufones profesionales.

«Madalena anda muy alegre con mi hermana, aunque muy rota una ropa de tafetán que trae. Pero yo tengo la culpa, que no le he dado nada, aunque ella no ha dejado de acordármelo. Ha quedado para Lisboa. También trae una cadenilla y mi hermana se ha espantado mucho de verla así, aunque dice que está como solía.»
(Almayrin, 7 mayo 1582).

En lo anterior acusa don Felipe su sentido del ahorro. Se da cuenta de que le hace falta ropa a la pobre enana loca, pero retrasa el regalo hasta que lleguen a Lisboa.

En la carta XXI habla de que Morata hace días que no quiere entrar en el aposento de la hermana de don Felipe y de que en el momento de escribir le están dando una grita en la calle «aunque ya no le dan tantas como solían».

En la siguiente, escrita en Lisboa a 25 de junio de 1582, vuelve a hablar de los dos locos:

«Y yo digo que aunque se le levanten los pies (a Madalena) cuando oye algún son, se cansa ya tanto que no puede bailar. Y el otro día tuvo un desmayo y ha quedado harto flaca. Morata diz que está ya bueno, mas aún no viene acá [...] que todo es menester para que no esté mal conmigo, aunque algunas veces lo está harto, pero no tanto como solía. No sé lo que será después desta enfermedad.»

A este grado de relación llegaba aquel hombre con sus locos: «que todo es menester para que no esté mal conmigo».

Hablando de los toros que iban a correr al día siguiente dice en la carta XXV (Lisboa, 17 septiembre 1582):

«Y Madalena tiene un pedazo de un terradillo que sale a la plaza en su aposento, y ha estado tan ocupada en componerle que no ha podido escribir, ni aun creo que ha querido, aunque yo se lo he acordado algunas veces, que dice que no puede acabar consigo de escribir en vísperas de toros. Y está tan regocijada para ellos como si hubieran de ser muy buenos y creo que serán ruines.»

En la siguiente confirma que fueron así, en efecto, y que Madalena se puso mala (no por los toros) y que quedó sumamente flaca.

Finalmente, en la carta XXVIII, fechada el 8 de noviembre de 1582, dice: «Madalena anda muy acongojada con su negra, que volvió una vez y agora se le ha vuelto a ir, ha dos días y no sabe de ella: pero sospéchase mal de ella».

Lo más importante para nosotros en esta correspondencia es, sin duda, la naturalidad con que aquel monarca habla de tales personajes y de sus defectos. Sin mirar las cosas desde abajo ni desde arriba, sino en su plano normal. Hasta se adivina una cierta sonrisa en el que escribe al decir que Madalena bebe, que quiere bailar, pero le pesan los pies y que anda recibiendo griterías por las calles de Lisboa o que se le marcha la negra fogosilla.

Esa sonrisa puede ser de hombre comprensivo que «está al cabo de la calle», pero, juzgando por otros casos, creo que los monarcas austríacos sentían verdadera debilidad o cariño por esta servidumbre exótica que les valía de válvula de escape en la tiesura cortesana.

Y si los Borbones desterraron a los enanos y locos, se quedaron todavía con algo, con los negros, y siguieron la vieja costumbre austriaca de bautizarlos con los nombres y apellidos de la familia real. Así, el caso de aquel Alfonso Carlos de Borbón, negro y arquitecto, en tiempos de Carlos III.

Del cuidado paternal que ponía en ellos este monarca da idea la orden siguiente:

«Habiendo resuelto el rey parta para la Coruña uno de sus negros, acompañado de un cabo de escuadra, dispondrá Vuestra Señoría aprontar una calesa para su conducción a dicha ciudad y hará Vuestra Señoría también abonar a don Miguel Ignarra, Director y Maestro de los negros del Rey, cuatrocientos veintitrés reales de vellón que ha suplido para los gastos del camino y vuelta a Madrid de dicho cabo».
San Ildefonso a 18 de setiembre de 1766.
El Duque de Losada. Señor Gabriel Benito de Alonso López.

En esta orden se habla del maestro que les tenía puesto a los negros. También disfrutaban de maestro los enanos. El que lo era en 1697 se llamaba Bartolomé Manrique. Por cierto que en ese año eleva un memorial pidiendo «plaza de mozo de oficio» apoyándose en que lleva siete meses enseñando a leer y escribir a los enanos Simón y Manuel, con gran aprovechamiento; petición que se le niega porque «para entrar a desempeñar cargo así es menester que se sea persona decente, porque llegan luego a servir hasta la mesa del rey». (Expediente Personal M. 8).

El gesto paternal de que hablo es el mismo que se ve en el mediocre retrato de Felipe IV por Villandrando, donde el Príncipe pone su mano sobre la repulsiva cabeza del enano Soplillo (Museo del Prado).

Este aspecto de la relación entre los príncipes y los anormales, este cariño como del amo al perro por su lealtad y constante asistencia, e incluso por los saltos y locuras de alegría ante el señor, es humano y comprensible. Y, aunque no lo parezca, también es humano divertirse con los pobres seres tarados del espíritu o del cuerpo. No será humanitario ni justo, pero sí un impulso natural en el hombre. Todos hemos visto en nuestras andanzas por los pueblos al tonto seguido o perseguido por la chiquillería alborozada. En general, tontos venidos de otros pueblos. Y muchos de ellos no lo son. No son tontos ni locos;

pero, como en la alta Edad Media, lo fingen para no trabajar y vivir de limosna.

Muchas de las costumbres vivas aún en nuestras aldeas no son otra cosa que supervivencias de usos feudales y cortesanos. En las reuniones de los vecinos más pudientes de un pueblo suele haber un hombre divertido o cínico que alegra las veladas y se hace indispensable.

Los juglares -dice Menéndez Pidal- «eran ornato principal de la Corte y esparcimiento necesario; «sus cantares e sones e estrumentos» eran incluidos en las «Partidas» entre aquellas alegrías «que debe el rey gozar a las vegadas para tomar conorte en los pesares e en los cuidados». Pues bien, lo mismo se podrá decir de los bufones, locos u hombres de placer. Uno de los catalogados por mí, José de Alvarado, fue admitido entre los hombres de placer «por su buen humor y ejercicios». Probablemente volatines o juegos de manos.

Este aspecto alegre o divertido, hace perfectamente comprensible la existencia del bufón en la Corte. Y más si sus gracias no sobrepasaban la raya de lo tolerable. Felipe IV debía de tenerlos a raya, a juzgar por el modo que tuvo de reaccionar ante un chiste de aquel bufón toreador que se llamaba don Cristóbal de Castañeda y Pernia, por sobrenombre Barbarroja. Habiendo preguntado el Rey si en Balsain había olivas, le respondió: «señor, ni olivas ni olivares» aludiendo así al Conde-Duque de Olivares. Por este chiste le desterró a Sevilla el monarca.

En tiempos anteriores no hubiera parecido tan grande desacato la contestación de Barbarroja. Bajo Felipe IV, las que se conservan de Manuel de Gante son ingeniosidades inocentes.

No obstante, los contemporáneos sintieron gran ojeriza contra estos locos, como se ve por el alegato de Francisco de Santos en su sátira *El no importa de España*.

Y es que, o fueron muy favorecidos o abusaron de sus puestos de confianza. Ya el bufón Miguel de Antona, que está retratado en un lienzo del Escorial de Abajo, recibió de Felipe II heredades y hasta escudo de nobleza. Otro, don Diego de Acedo, fue nombrado de la Secretaría de la Cámara y Estampa o Estampilla. Y don Nicolás Pertusato, el enano retratado en las «Meninas», subió a ser Ayuda de Cámara y gozó de muchos gajes.

Ha de tenerse presente, además, que ellos hacían de mensajeros y espías; que, administrando ditirambos y críticas influían en la opinión pública y que de diversos modos eran útiles para el servicio real.

No podemos aludir aquí a los bufones célebres habidos en Francia durante los reinados de Luis XII y Francisco I, a los famosos Caillete y Triboulet, ni a los de Enrique VIII de Inglaterra, ni a los de Shakespeare, ni a los de Pedro el Grande de Rusia, porque no trato de los bufones en general sino de los de España.

Más difícil de comprender es la afición a los enanos y monstruos. Pero recuérdese que ya en Grecia atraían la curiosidad y que en nuestro tiempo se ofrecen en los circos como elementos regocijantes. Si los reyes antiguos de España los utilizaron, no fue tanto como a los bufones. Menéndez Pidal habla del enano García Yáñez que, juntamente con su mujer, era sostenido con cargo a la marina allá en el año 1294 cuando se armaba la flota de Sancho IV para Tarifa (*Poesía juglaresca y juglares*, pág. 160).

Los enanos, aparte de que algunos eran ingeniosos y emparejaban con los hombres de placer, divertían por su simple presencia, por su pequeñez. Pero cabe sospechar que a los reyes les gustaban por otros motivos: mirando los retratos de Felipe IV con Soplillo, y de Isabel Clara Eugenia con la enana Magdalena Ruiz, brota la sospecha de que gustasen a las personas reales por el realce que prestaban a su figura.

El mejor apoyo de esto lo ofrece el cuadro de *Las Meninas*. No inculpemos a Velázquez de haber recurrido a este ardid de rodear a la Infantita -que es centro de cuadro- de gente zafia, estirada o enana para que resaltase la belleza de la niña regia. El ardid o truco viene de más alto y de más lejos. Probablemente no se daban ya cuenta ni los que lo utilizaban.

Como tampoco se darían cuenta de que el uso de negros, locos y enanos era un signo de los tiempos, un acento o estilo peculiar de la época, un detalle barroco. Desde luego tenerlos a su alrededor y en tal profusión resulta para nosotros como un arabesco, o mejor aún, como una quiebra de lo racional, como un capricho, lujo o sobra. Tener un loco, bufón, hombre de placer o enano es igual que tener rizos en la piedra de la portada o en la melena, en el escudo o en las piezas de vestir. Es un superfluo gracioso, tan inútil como cordial y ameno. Hoy nos costaría tanto trabajo figurarnos la corte de Carlos II o de Felipe IV sin este mundillo pintoresco, como imaginar un palacio barroco sin labores en piedra tomadas del mundo vegetal o suntuario, sin cortinajes o frutas de cantería.

Porque no terminan aquí las extravagancias. La corte se rodea además de animalitos, perros, cotorras, monas, etcétera. Puedo presentar una nota de los gastos de tela para vestir a la mona que tiene Magdalena Ruiz en el retrato tantas veces aludido. Y puedo presentar unos detalles de un inventario, que son muy elocuentes para el tema del feísmo en el siglo XVII. Dice así aquella nota:

«Vestidos para la mona: En 13 de octubre dos varas de raso verde y amarillo labrado para una saya a una mona que mandó su alteza vestir.- Más tres cuartas de holandilla encarnada para forro.- Más catorce varas de pasamanos de seda de dos colores para guarnecerla.- Más vara y media de tafetán amarillo y encarnado frisado para una ropa y basquiña para dicha mona.- Más doce varas de pasamanos de seda de dos colores para guarnecer la dicha ropa y basquiña.- Más media vara de holandilla para un sayo turco para la dicha mona.- Más una vara de bayeta de Flandes para forro.- (Y otros aderezos para completar este sayo turco). Total, el primer vestido cuesta 3768 maravedíes, y el segundo 2590». (Cuentas particulares, M. II). Esta cuenta es del año 1593, pero está ya tan finalizado el siglo XVI que bien puede incluirse entre los usos del siglo XVII.

No fue esta mona la única favorecida. Otras merecieron los honores del retrato. Por un inventario de 1686 sé que existió un mico que aparece descrito así: «Una pintura de un mico en pie con una caña en la mano y un sayo blanco, de vara y cuarto de alto». (Bellas Artes, leg. I, fol. 51).

En este mismo inventario, y al fol. 27, dice: «En el pasillo del cuarto bajo que sale a la escalera de la Galería del Cierzo hay diez retratos en tabla de a vara de alto, todos de mujeres plebeyas, con marcos negros dorados, de la escuela de Alberto Durero».

Y en el fol. 57 hay este otro asiento de amor al feísmo: «Retrato de un mestizo de Guamanga, muy corpulento, con un palo en la mano, en un lienzo de más de cuatro varas de alto y dos y media de ancho».

No debe extrañar que hable aquí simultáneamente de animalitos y de monstruos. Desde luego, entre enanos y locos no hacían diferencia los papeles de Palacio. Así se ve con frecuencia en ellos: «Hagan el asiento de fulano (loco o enano) entre los de su género», es decir, aparte. Los monarcas tenían conciencia de lo que eran, pero ¿y ellos mismos? Probablemente, no.

Un periódico ilustrado acaba de publicar (primavera de 1936) un artículo titulado «El Estado de Liliput», con motivo del primer congreso de enanos que habrá de celebrarse en Budapest. Los adheridos eran mil, y, al parecer, piden se les reconozca personalidad social distinta de los demás hombres, prohibición de casarse con ellos las personas de estatura corriente, y dotarles de casas, habitaciones y muebles a su medida. Ahora, sí. Ahora puede decirse que los enanos han cobrado conciencia de lo que son. Y por eso se niegan a servir de risa por el mero hecho de tenerse que encaramar a una silla para abrir el cajón de la cómoda.

Si los enanos del siglo XVII hubieran alcanzado esta conciencia, ¿se habrían avenido al juego que les exigía la teatralidad cortesana? Quizás por hambre.

Pero es verdad también que muchos de ellos eran simples monstruos o tarados y no podían saber qué papel hacían. Este es el caso de «La Monstrua», Eugenia Martínez Vallejo, retratada por Carreño dos veces, vestida y desnuda. Para hacer tolerable el segundo retrato la fingió Baco.

En este mundillo absurdo se daban casos muy varios y también serían muy varias las razones de los monarcas frente a ellos. Es posible que éstos vieran en los locos y Hombres de placer esa «chispa» o luz del espíritu que resulta a los hombres normales tan misteriosa como atrayente. Y que en los enanos vieran un símbolo misterioso también, pero de signo negativo, terrorífico. Una locura negra de la naturaleza. El monstruo.

En unos y otros hay misterio. Y ya se sabe que el misterio ha ejercido atracción sobre el hombre. Este mismo trabajo, ¿no es acaso un producto de esa atracción? El misterio amedrenta y atrae a la vez. Cada chico de esos que persiguen a los chiflados por las aldeas siente miedo de él, pero le sigue y acosa. Por otra parte, cada ser humano reflexivo se habrá parado muchas veces a pensar por qué causas o motivos la naturaleza produce monstruos.

Al reflexionar sobre el auténtico hombre de placer, *l'uomo piacevole*, *l'homme amusant*, piensa uno que forzosamente hubo de influir su existencia en la literatura contemporánea. Si no se hubieran encaramado a las gradas del trono, hubieran pasado desapercibidos tal vez. Y, en efecto, los «graciosos» de las comedias clásicas son hermanos de estos locos distinguidos. Tan distinguidos, que alguno llegó a ser llamado «gentil hombre de placer». Es el caso de Manuel de Gante.

La prueba de que impresionaba esta gente a nuestros comediógrafos del Siglo de Oro está en que éstos se valen del mismo calificativo que la gente cortesana. Así, Calderón:

«que en fe de hombre de placer
debe de haberse tomado
licencia de entrar aquí.»
(*Afectos de odio y amor*, II).

Hombre de placer, gracioso, hombre divertido. Quien se propone investigar y perseguir las ocurrencias de estos locos de Palacio se desespera ante la falta de datos. De sus chistes, ocurrencias, agudezas, simulaciones y demás queda algo solamente en las crónicas o memorias de la época, pero no en los archivos de Palacio. Y esos que quedan no superan a los que publican nuestros diarios en la sesión de chistes. Es posible que la censura moral española haya escamoteado los más duros y procaces, pero de todos modos el historiador tiene para formarse idea de los bufones españoles esa balumba de comedias españolas clásicas. Aunque el gracioso es siempre algo más tosco, ha de verse como un producto de la época y derivado de la moda cortesana. Siendo esto así, hay que ver también a Sancho Panza como hombre de placer. Don Quijote podrá tenerle por escudero, pero Cervantes lo formó para divertir al lector. Es uno de tantos simples que hacen reír con sus simplezas.

Si al llegar a esto se pregunta por qué no aparecen los enanos en las comedias, deberá responderse que por la dificultad de encontrar actores liliputienses o de resolver el problema de algún otro modo plástico. Yo estoy seguro de que Lope de Vega se quedó con ganas de sacarlos a escena. En un teatro como el suyo, animado y coloro, esencialmente pintoresco, los enanos hubieran puesto su nota de contraste, tan esencial para las grandes figuras como la del gracioso u hombre de placer.

Pensando en esta ley de los contrastes y concretamente en las dos figuras creadas por Cervantes, cabe preguntarse si es fortuito que una de ellas, la principal, sea de un loco alto y delgado y la otra de un rústico simple, gordo y bajo. ¿Es esto casual o es un influjo de la Corte? En ellas pueden verse tan pronto al señor con su lacayo como al loco y al enano. En el libro de Cervantes seguiremos teniendo una cantera de interpretaciones; no quisiera yo que la mía resultase descabellada, pero, si resulta, sírvame de excusa el haber pasado año y medio persiguiendo a los ciento veinticuatro locos y enanos de la Corte que al fin tengo recluidos en el Catálogo.

Lista de enanos y bufones por orden cronológico

1563-75?	Miguel de Antona: loco.
1563-68	Estevanillo: enano.
1563-68	Luis López: loco del príncipe don Carlos
1563-71	Estanislao: enano.
1565	Serojas: hombre de placer.
1565	Magdalena Hernández: loca de la princesa.
1565-1605	Magdalena Ruiz: enana y loca.
1567	Montaña: enano de la reina.
1570-93	Estefanía: enana.
1577	Doña Luisa: enana.
1577-1615	Doña Elena: enana de los infantes.
1577-1603	Catalina, la alemana: enana.
1578	Doña Ana: enana.
1579-87	Morata: loco.
1587-1600	Vicenta o Vicentica: loca.
1591-1628	Ravielo: loco.
1590	Brígida del Río: o sea «la barbuda de peñaranda»: fenómeno.
1594	Pedro Méndez: enano.
1593-1603	Catalina, «la portuguesa»: loca.
1595	Martín de Aguas: loco.

1590-1600   Isabel o Isabelica la Chova: loca.
1596-1632   Don Juanillo: truhán o loco.
1599-1626   Rollizo: bufón.
a. d. 1600   Cristóbal Cornelio: enano.
a. d. 1600   Pejerón: loco.
a. d. 1600   Pedro Santorbas: truhán del emperador.
1601-11   Isabel Serrano: loca. (una vez aparece con el nombre de María).
1601-17   Doña Sofía: enana y menina.
1603-43   Juana Muñoz, llamada «juana la loca».
1606   Vicentino: truhán.
1606-10   Jayán o Xayán: enano.
1603-13   Bonamo, Vonami o Bonamic: enano.
1613   Antonio: enano.
1615-37   María Pope, Pupe, o Pupi: enana. (el primero es el más frecuente).
1615-59   Soplillo: enano.
1616-20   Baltazar: enano y loco.
1619-41   María G. de Garnica, llamada «la Pela»: enana.
1620-62   Antonio Bañules: loco.
1621-22   Claudito: enano.
1621-23   Daroca: loca.
1622-26   Bartolo: enano.
1623-24   Dominica: enana.
1623-24   Juan Rocaful: bufón.
1624   Doña Luisa de la Cruz: enana y monja.
1624-26   Don Lorenzo: loco u hombre de placer.
1624-28   Juan de Cárdenas: hombre de placer.
1624-54   Don Juan de Austria: hombre de placer.
1628   Manuel: loco de las furias.
1630-39   Don Juan Calabazas, o calabacillas: enano.
1631-77   Juana de Auñón: enana.
1632-48   Pablo de Valladolid, o Pablillos: bufón.
1633-38   Francisco de Ocariz y Ochoa: loco.
1633-46   Juan Redondo: enano.

1633-49	Pernia (don Cristóbal de Castañeda y...): loco.
1634-36	Juana Bolán, la Comendadora: loca.
1634-49	Francisco Lezcano: enano. («Niño de Vallecas»).
1635-37	Bautista del Ajedrez: hombre de placer.
1635-39	Cristóbal el Ciego: hombre de placer.
1635-60	Diego de Acedo, «el primo»: enano.
1635-70	Catalina Rizo: enana.
1635-69	Manuel de Gante: gentilhombre de placer.
1636	Atilano: hombre de placer.
1636	Don Juan Biladons o Viladons: gigante.
1637	Mariquita, la loca.
1640-63	Diego de Martos: loco.
1642-46	Francisco Moreno: enano.
1642-circa 1669	Manuel Gómez: hombre de placer.
1643-49	Sebastián de Morra: enano.
1643-53	Francisco de Basconcillos: enano negro.
1643-64	Catalina del Viso: loca o simple.
1645-57	Don Pedro: loco.
1646-60	Pedro Franco: loco. (seguramente el mismo de antes).
1649-57	Virginia (acaso Virginia de Salvador): enana.
1649	Catalina de Final: enana.
1650-58	Ana Levort: enana.
1650-1700	Nicolasito Pertusato: enano
1651	Juan Rana: bufón.
1651-58	Juan Charelo: loco.
1651-95	Maribárbara Asquín: enana. (maribárbola).
1652	Ana Selterín: enana.
1660	Virgilia del Salvador: enana.
1664-88	Don Guillermo o Guillén Vicent: enano.
1666-80	María de Todo el Mundo: loca.
1671-76	Alvarado (josé): loco.
1672-81	Miguel Pol o Polo: enano.
1672-1700	Miguelillo: enano.
1673-93	Antonio Aacareli: enano.

1675-1702	Bernarda Blasco: enana y loca, llamada también Bernardica.
1676-89	Francisco Bazán: «ánima del purgatorio»: loco.
1676	Juan de Rivera: loco.
1677	Juan Andrés: loco.
1677-1717	Ana Blasco: enana.
1677-1717	Juan Blasco: enano.
1677-82	Nicolasito. (tal vez Nicolás Bodson o Jodson).
1677-79	El Gigante: negro.
1677-95	Curro o Currillo: enano.
1678	Nicolás Bodson o Jodson: enano.
1679	Pato: enano.
1675	El Arcángel: loco.
1679	Miguel Basete o Vasete de Checa: enano.
1679-80	Inés Fernández: (o simplemente Inés): enana.
1680	María Toquero: enana.
1680	Bernardo Salgado: simple.
1680-87	María Catalina Bazán, «la Cato»: enana.
1680-96	Mateo de los Reyes: simple.
1680-89	María Ramos: loca o simple.
1682-85	Marcos Macareli: enano.
1684-87	Genoveva Bazán: enana.
1684-93	Carlitos. (Carlos Domingo Cloyo): enano.
1685	Don Juan: enano.
1685-91	Don José: enano.
1685-95	Gabino: enano.
1685-95	Juan Melchor: enano y bufón.
a. 1686	«La Monstrua», Eugenia Martínez Vallejo: enana.
a. 1686	Michol o Misol o Misso: enano.
1686-94	Catalina Gasco de Guzmán, «la Visitor»: loca.
1689	La Enana Sarda.
1689	Ana o Elena Urro. enana.
1689-91	Marta: enana.
1690-93	Luis Fajardo: loco.

1694-96   «La Caldo»: simple.
1694-98   Simón del Rey: enano.
1696   El Portugués: enano.
1696-98   Manuel: enano.
1700   Miguel de Rivas: enano.
1786-1801   Don José de Cañizares y Machado: Pigmeo.

Datos de todos los personajes por orden alfabético

Acedo (Don Diego de), llamado El Primo. Enano. 1635-1660.
El mote de este enano se ha discutido mucho. Hasta se le supuso pariente del Rey. Opongo a este supuesto, que en nada se apoya, otro más verosímil. El Infante Cardenal pasaba anualmente por merced, o pensión, 250 ducados a una señora llamada doña Lorenza de Acedo y Velázquez. El mismo Infante Cardenal tuvo de contador mayor al caballero de San Juan, don Juan de Acedo y Velázquez. ¿Sería el enano, pariente, hermano o primo de estos señores? Si llevaba por segundo apellido el de Velázquez, bien pudo ser «primo» en serio de ellos o primo en broma del gran pintor.

Otra fantasía que corre acerca de él se apoya en esta frase de un documento: «asistía a la estampa». Los desconocedores del mecanismo o servicio palatino no pudieron sospechar que «La Estampa» era el despacho u oficina de la Estampilla o firma facsimilar del Rey, que se guardaba en la Secretaría de la Cámara, en un cofre especial para ella, y supusieron que asistía a un taller de estampación.

En el libro de Etiquetas, entre las instrucciones al Secretario de la Cámara, dice:

«6.º El cofre de la Estampa, que ha de ser en la forma que se ha ordenado, de manera que no lo pueda llevar una persona sola, se ha de tener siempre debajo del bufete donde yo despacho, donde estará con la seguridad conveniente, y, de camino (de viaje) tendrá muy particular cuidado de que se lleve con la misma.- 7.º La Estampa se ha de hacer en la parte que señalaré y no se ha de poder hacer estampar cosa ninguna si no fuere en presencia y por mano del mismo Secretario de Cámara o de la persona que hiciere su oficio en su ausencia» (V. Etiquetas, libro que las reúne todas, fol. 129).

En el mismo caso que «El Primo» estaba otro sujeto, cuyo asiento dice: «1675. A. don Gaspar de la Cuesta, escudero de a pie que asiste a la Estampa y Escritorio de la Cámara, cien ducados de pensión, de que su Majestad le hizo merced por esta ocupación».

Todos los datos que existen sobre don Diego de Acedo encajan en los años arriba apuntados. En 1669 ya había muerto, y su ración la cobraba Bernardo Pedrero, sobrino suyo. Pero desde 1655, deja de cobrar por la Secretaría de la Cámara y desde dos años antes le entregaban su dinero al criado que tenía, llamado Jerónimo Rodríguez.

La verdad se descubre en mil detalles cuando se la busca y, así, en un legajo de Sastres (S. 4) y Cuentas particulares (C. 7) se halla este asiento:

«Mas hizo para el enano don Diego de Hacedo, para venir de correo, un capote de campaña, guarnecido con un pasamanos ancho de oro falso, cosido a tres puntos, con sus mangas y portezuelas, con dicho pasamano por dentro y fuera, y un jubón de gamuza con faldillas a lo francés, guarnecido con un pasamano más angosto y coleto con dicha guarnición. Es el jubón y coleto de gamuza, forrado. De hechura, cien reales. Hízose con mucha prisa. Tasado en cien ducados».

Fuera de este asiento que transcribo porque se ve al enano en oficio de correo o menester de Secretaría, no citaré más que otro: «22 junio, 1645: 40 reales que se dieron a Pedro Arias (en Zaragoza) por una cabellera que compró por mandato de Su Majestad para cubrir una corona que habían hecho al «Primo»». Que el «Primo» y don Diego de Acedo son una misma persona consta en los asientos de Cuentas particulares desde 1038 y en Vestuario, leg. 4.

Los cronistas de la época cuentan que yendo el enano en un coche con el Conde Duque de Olivares dispararon sobre éste un arcabuz, sin más consecuencia que una herida al Primo en el rostro. También dicen que era muy enamoradizo y que el Aposentador de Palacio, Marcos de Encinilla, mató a su esposa por celos del enano (año 1643) y le hubiera matado a él si no hubiere salido aquella mañana de paseo con el Rey.

Pero noticias de esta índole no quedan en el Archivo de Palacio cuyos papeles son todos de orden administrativo.

El retrato que le hizo Velázquez en Fraga durante la jornada de 1644 (Museo del Prado) queda libre ahora de las falsas conjeturas conocidas. El tintero y los libros de que le rodeó el pintor aluden a su oficio de asistente a la Secretaría de la Cámara y Estampilla. Por otra parte, su empaque y su porte, mucho más altanero que el de los otros enanos, permiten pensar en el parentesco arriba dicho.

Legajos donde aparece el nombre de este personaje: Cuentas particulares, compradores, C. 7 y C. 10; Sastres, S. 4. Oficios, leg. 35.- Guardajoyas, leg. 28.- Secretaría de la Cámara, Cuentas, leg.. 1.- Medias anatas, leg. 2.- Vestuario, leg. 2.- Maestro de la Cámara, leg. 4.- Libro del Grefier, N.º 102, 48.- Jornadas a Daroca y Fraga, 1642 y 44.- Deuda, leg. 41.- Cuentas particulares, cordoneros, años 1635-60.

AGUAS (MARTÍN DE). Loco. 1595.

«En Madrid a 10 de febrero del dicho año de 1595, compré una cuchara de plata para la comida de Martín de Aguas, el loco, que costó once reales, la cual se entregó en la Salsería por orden del Señor Contralor». (Relación de Gastos del Despensero, Maestro de la Cámara, Felipe II). También se anota más adelante la compra de una escudilla para el mismo loco.

Lo retrató Sánchez Coello: «de cuerpo entero, con un gabán y una montera de una jerguilla o rajeta listada bareteada de colores y tiene en la mano la montera. Tiene de alto dos varas y cuarta, de ancho vara y sesma, y es de mano del dicho Alonso Sánchez». (Inventarios, leg. 9, cargos del guardajoyas Simón Rodríguez). Este retrato ha desaparecido, como también este otro que sería de gran interés:

«Otro retrato del tamaño del natural, que es de Martín de Aguas, vestido de azul, la mano sobre un niño vestido con baquero azul guarnecido de pasamanos pajizos, con otros retratos en el lienzo de un negro, una muchacha loca y un loco». (Cargo del Guardajoyas, 1636, Inventarios, leg. 9).

ALVARADO (JOSÉ). Loco. 1670-1676.

Orden de que se le inscriba en el libro de locos (inexistente por desgracia) en lugar de Pedro Franco, con una ración de ordinaria, «por su buen humor y ejercicios» (sin duda quiere decir volatines, piruetas y saltos de payasería). «La Reina lo tiene de entretenido en los del Placer». (Es como le llamaban a los locos y a toda esta gente divertida). «Enero 6 de 1671». (Sección Administrativa, Empleos. Locos y hombres de placer).

El primer dato referente a él es de 1670, por un vestido que le concede la Reina (Cuentas Particulares, C. 7). En su expediente personal (A. 14) consta que fue también despabilador. Se registra su nombre desde 1672 a 76 por dotación de vestidos (Guardarropa, leg. 36 y Mercaderes, leg. 13).

En el obrador o taller de Carreño quedó, al morir este pintor, un lienzo bosquejado en que figuraban Antonio el enano (en este tiempo no podía ser otro que Antonio Macareli) y Alvarado con un perro. Este dato consta en dos listas, una de 1674 y otra de 1686. En una dice «Un lienzo con el dibujo de Antonio el enano y Alvarado con un perro, en mancha, de dos varas y media en cuadro». (Inventarios, leg. 9).

Alvarado asiste a las jornadas de Aranjuez y del Escorial en 1675 y 76 con los enanos Macareli y Nicolasito.

ANA (DOÑA). Enana. 1578.
Sólo consta un dato de ella en Cuentas de Mercaderes, M. 4, concediéndole una saya y otras prendas de vestir.

ALMA O ÁNIMA DEL PURGATORIO, FRANCISCO.
Entre las pinturas entregadas a Bonavía en 1746 para el Retiro. (Inventarios, leg. 9) consta: «N.º 492. Otro de dos varas y tercia de alto y vara y tercia de ancho, de un retrato de un hombre, cuerpo entero, a quien llaman «Alma del Purgatorio», original de Carreño».

ANTONA (MIGUEL DE). Loco. 1563-1575?
1563: «Chamelote amarillo para un gabán para Miguel el loco». Su apellido consta más adelante.

En 29 de agosto de 1564 se cortaron siete varas de un paño de mezcla de pardo y verde para hacer sayo y capa y calzas a Miguel de Antona, a 26 reales la vara. También visten a su hija (1565) y al marido de ésta cuando se casa (1567) y a un mozo o criado que tenía este bufón, gran amigo de Felipe II.

En 1567 «tres cuartas de tafetán ormesí doble para un capillo de la capa de armiño blanco de Miguel de Antona que su majestad le mandó fazer de una marlota que hubo del Juego de cañas que se hizo el día de San Juan». (Cuentas Particulares, M. 4).

Antona está retratado en el cuadro del *Noli me tangere* que hay en la Iglesia del Escorial de Abajo. En el mismo altar estuvo su sepultura que, como el cuadro, fue mandada hacer por Felipe II. Ya no se conserva la lápida que el rey mandó poner por orden de 2 de noviembre de 1575.

Este bufón, oriundo de Quintana Redonda (Soria), poseía un herrén en la villa del Escorial de Abajo, donde labró una casita con cerca de piedra y se lo compró el Rey en 4200 reales, haciendo allí su alojamiento y caballeriza mientras se planeaba el Monasterio. Allí se alojaron también los primeros monjes.

Por la ayuda y el agrado que proporcionó a Felipe II recibió de éste un escudo de armas compuesto así: un vaso de la Magdalena (de quien era muy devoto Antona) pintado de oro, sobre campo verde, con dos cayadas en los lados y dos hondas arriba, y esta leyenda que yo no he leído y resulta enigmática: «El cayado y honda mes-mejora de lo que ves».

Por los documentos del Archivo de Palacio se ve que el Rey le regaló no sólo vestidos para él y su familia sino para la iglesia de su pueblo, e incluso una imagen de la Magdalena.

Hay la creencia de que Lucas Jordán lo pinto en las bóvedas de la escalera del Monasterio de San Lorenzo, pero la figura que se da por tal no corresponde con la auténtica antes citada.

Los datos que no son del Archivo de Palacio están tomados de la obra de don Lorenzo Niño Azcona, Felipe II y la Villa del Escorial.

ANTONIO (DON, «EL INGLÉS»). Loco y enano. 1613.

Casi no hay datos de este personaje, pero sí los suficientes para desvanecer el error de que fue retratado por Velázquez con chambergo y perro al lado.

En 1613 le conceden nueve varas de Cambray para cuellos. (Cuentas, M. 5). En 1617 ya había muerto, pues al concederle vestidos a don Tomás Pinto, criado suyo, se dice: «ayo que fue de don Antonio el enano». (Cuentas particulares, M. 6 y 8). Lo de que fue inglés se sabe por un asiento, (Vestuario, leg. 2) que dice habérsele concedido al mismo don Tomás muchos años después, en 1637, «un vestido de 72 ducados por haber sido ayo de don Antonio, el enano inglés».

Fue contemporáneo de otro enano llamado Bonamie y le retrató con éste y con el famoso perrazo irlandés «Baylan» (Veillant), Juan Pantoja de la Cruz, antes de 1614.

ARCÁNGEL (EL). Loco. 1679.
Sólo he averiguado que en 1679 le conceden un vestido nuevo (Cuentas particulares, M. 13). Tal vez fue uno de los muchos que pasaron poco tiempo en Palacio.

AUÑÓN (JUANA DE). Enana. 1631-1677.
Desde 1631 al 37 no percibía más que la ración ordinaria y los vestidos. Pero en 1637 la recibe la Reina como criada de Cámara, lo cual llevaba aparejado gajes y emolumentos y criado, y por todo esto tuvo que pagar la media anata. He aquí las órdenes:

> 1637. «Su Majestad, Dios la guarde, ha servido de hacer merced a doña Juana de Auñón, enana, del mismo asiento que tenía doña María Pope, ansí mismo enana, que vino con la Reina Nuestra Señora de Francia, la cual gozaba los mismos gaxes, ración y demás emolumentos que las de la Cámara, y que goce desta merced desde el principio de abril deste año, de que aviso a Vuestra Señoría para que mande disponer que se dé cobro a la media anata que por razón desta merced se deviene. Dios guarde a Vuestra Señoría muchos años. Madrid 16 de setiembre 1637».

> 1637 (3 noviembre) «Doña Juana de Auñón ha satisfecho la media anata que le tocaba por la merced que Su Majestad (Dios la guarde) la ha hecho de recibirla por de la Cámara de la Reina Nuestra Señora con 39,615 maravedís de gajes en cada año, en que se incluye la ración de un criado y el emolumento de lavar la ropa y una ración para una criada que está valuada en 30,414 maravedís».

En 1656 se ordena que «se le dé un cuartillo de vino cada día en consideración de habérsele ordenado beba agua envinada». Su muerte, acaecida en 15 de octubre de 1677, consta en Nóminas, leg. 14. Documentación: Expediente personal, A. 65;

Mercaderes, M. 8, 9, 12 y 13. En estos constan los vestidos que se le dieron en los años 1631, 33, 35 y 59.

ASQUEN O ASQUIN (MARÍA BÁRBARA). Enana de la Reina. 1651-1700.

De origen alemán, se le llamó vulgarmente Mari-Bárbola. Su retrato aparece en el cuadro de Velázquez *Las Meninas*. Su apellido pudiera venir del pueblo escandinavo Askim. La corrupción del nombre Bárbara en los papeles de esta época es muy frecuente. He recogido las siguientes formas: Bárbora, Bárbula y Bárbola. (Bárbora y Bárbula Maino, 1604; Bárbula Bocardad, 1679; Bárbula Francisca de Avilés y Bárbula de Asua, 1609).

Entra en Palacio en 1651 por muerte de la condesa de Villerbal y Walther, de quien fue enana, y disfrutó de ración ordinaria desde el 14 de abril. En 1658 le pagan atrasos. (Testamentaría de la Emperatriz María). En el mismo año le conceden cuatro libras de nieve cada día durante el verano. (Empleos, E). En 1690 se le acude a ella y a su criada con lo mismo que a María Catalina Bazán, otra enana, llamada «La Cató». (Empleos, E. y Expediente personal, A. 63). Durante el año 1691 le conceden ocho vestidos, llamándola Barbarica. (Cuentas de Sastres, S. 3). En 1695 conceden merced de una ración a Juana de Horte, criada suya. (Mercedes, leg. 1). Aquí también le llaman Barbarica. Volvió a Alemania en 1700. En el libro de Asientos, n.º 634, fol. 497; hay uno que dice: «30 marzo 1700. Barbarica: Se le suspende todo lo que gozaba por haber vuelto a Alemania, de donde vino con la Reina». Si Barbarica es otra que Mari-Bárbola no lo he podido constatar, y de ésta no hay noticia de que muriese en Palacio.

ATILANO. 1636. Sólo se sabe de este personaje que tomó parte en una mascarada en el Retiro, dicho año y que le regalan trajes. (Cuentas particulares, Cordonero, C. 7).

AUSTRIA (DON JUAN DE). Hombre de placer. 1624-1654. Lo primero que interesaba de este personaje era su nombre. No se creía que el dado por los inventarios era el suyo, sino un mote. Lo segundo, dar con el personaje, saber al servicio de quién estaba, qué mercedes recibía y hasta si era palaciego. Lo único sabido era que figuraba en un documento del año 1637 publicado por Cruzada Villamil en su «Velázquez» (hoy en el leg. 2 de Vestuario) relativo a trajes. Y, en tercer lugar, averiguar la fecha del retrato que le hizo Velázquez.

A lo primero puedo afirmar que así le nombran en todos los asientos, sin omitir jamás el Don. Ese fue su nombre auténtico y su apellido, seguramente por haberlo apadrinado el Rey o un familiar suyo. Los reyes de las casas de Austria y de Borbón tuvieron la costumbre de dar sus nombres de pila y de familia a seres modestos que criaron en Palacio o apadrinaron en la hora del bautismo.

Por lo que toca al segundo punto, he conseguido datos suyos desde el año 1624 hasta 1654, siendo llamado siempre «Hombre de placer». El hecho de no aparecer su nombre en las Nóminas, ni en los registros de Medias anatas, hace pensar que no asistía de una manera regular a Palacio ni percibía sueldo fijo. Para rastrear sus huellas hay que repasar las Cuentas particulares del Zapatero (Z. 2 y 3), del Mercader de Telas (M. 10), del Cordonero (C. 7) y los legajos del Guardarropa, del Guardajoyas (28) y de Oficios (35). Este hombre de placer no recibía ración de comidas como la mayor parte de sus similares, ni tuvo otra relación con la Administración que esos regalos de trajes y zapatos.

Afortunadamente, con esto poco he podido identificarle y hasta dar con el traje que presenta en su retrato del Museo del Prado. Se trata de un asiento del año 1632. Como los detalles de género aportados por el mercader son prolijos, voy a destacar con negrillas los que definen al traje pintado por Velázquez.

«Vestido de Don Juan de Austria. Doce varas de terciopelo liso negro para capa y ropilla a don Juan de Austria con lo siguiente:

Ocho varas de carmesí raso de Valencia para forro de la capa.
Tres varas de fustán para forro.
Una vara de tafetán para bebederos.
Seis varas y tres cuartas de terciopelo carmesí para dos fajas, la ropilla y cuatro la capa.
4 onzas de seda negra, digo nácar.
1 vara de bocasí.
½ vara de angeo.
Una cabritilla.
4 varas y tercia de terciopelo carmesí para follados y cañones.
1 vara y cuarta de bayeta.
Vara y tercia de Ruan para forro.
Vara y tres cuartas de lienzo para forro de follados.
Una vara de fustán para forro de cañones.
Dos tercias del dicho para faltriqueras (dice fatriqueras).
Media vara de bocasí.
Media onza de seda.
Unas medias de seda carmesí.
Tres varas y media de raso carmesí entre alto para jabón con faldillas francesas.
Cuatro varas y media de doblete carmesí para entretelas y bebedores y forro de las faldillas.
Dos varas de Ruan para forro.
Una vara y cuarta de bocasí.
Una onza de seda colorada.

Gorra para el dicho. Vara menos sesma de terciopelo liso negro para gorra.
Media vara de doblete negro para forro.
Dos varas de doblete carmesí para toquilla (es lo que rodea al casco).
Una cuarta de seda.

Ligas. Cuatro varas y media de doblete colorado para ligas y rosas de zapatos.
Una vara de listas de color.
Vara y sesma de terciopelo negro liso para vaina y tahalí.
Media onza de seda negra.
Dos onzas y catorce adarmes de galón de oro para el tahalí, que dio Blas Pérez. (Cuentas. Mercaderes, M. 8).»

No falta en esta descripción más que el aderezo de plumas de la gorra: pero éstas habría que buscarlas en la cuenta del plumajero y no son tan completas como las de otros oficiales.

Salvo en lo del galón de oro para el tahalí, todo lo demás se ajusta perfectamente al cuadro. Y como el retrato da la impresión de no estar acabado, cabe pensar que no llegó el maestro a ese detalle.

Pero por lo que nos interesa la relación es porque da fecha al retrato, pues no iba a pintarlo Velázquez cuando ya estuviese ajado. De modo que podemos darlo como de 1632 o 33.

Así como este traje está entonado en carmín y negro, el que le regalan en 1644 debió estarlo en pardo, por ser de lana de las Navas y presentar medias pardas. (Cuentas Particulares M. 10).

BALTASAR. Enano y loco, francés. 1616-20.

En las Cuentas Particulares, S. 4 y M. 6 y 7 se le llama enano de la Princesa y se le conceden telas para vestidos durante los años 1616 a 1620. Uno de los asientos dice: «Hizo para Baltasar, enano francés (y al margen, «enano de la Princesa») ropilla y ferreruelo de perpetuán verde».

En 1619, y en papeles del Guardajoyas (Oficios, leg. 26, fol. 76) se le llama loco y aparece recibiendo una cadena que le dio Su Majestad con su medalla de oro y dos cadenas de oro, regalos del Príncipe y de la Princesa, por valor total de 7436 reales.

Este es un caso de enano divertido (loco) que no es frecuente.

BAÑULES (ANTONIO). 1626-1662. Calificado indistintamente de loco, truhán y Hombre de Placer. Era valenciano. Probablemente de Játiva. Se casó en la villa de Xávea, donde murió. Su mujer se llamaba Francisca Carral. Tuvieron hijos y la viuda obtuvo de la Reina la merced de seguir cobrando la ración que gozaba su marido en vida. A ella le regalan vestidos en Palacio desde 1620; a él, desde 1625 al 39, según los papeles que se conservan. (Ha de tenerse en cuenta que suele haber grandes lagunas en las series. A veces se encuentran diez años completos de Mercedes de la Reina, pero no del Rey o de las Altezas y es casi reglamentario que las mujeres reciben las mercedes de la Reina y los hombres del Rey o de los Príncipes).

En el año 1621 cayó malo y le concedieron 400 ducados para ir a curarse al reino de Valencia, de donde era. En 1628 y 30 recibe dos cantidades: 37000 y 75000 maravedíes. En 1642 fue a las Jornadas de Aranjuez y de Aragón. En los Pagos de gajes a criados de los años 1621-65 se encuentra su firma, juntamente con la de Manuel de Gante. En uno de estos años le regalan, por la Cámara, «una cama con su colgadura, sillas, bufetes y otras cosas». En 1644 un jubón de rizo pardo y un vestido para la Jornada de Zaragoza, unas medias de seda y un sombrero forrado. Más un espadón de hierro. En 14 de abril le doran un aderezo de espada que le dio el Duque de Terranova. Y el rey le obsequia con un broche de plata dorada. Los regalos de zapatos, sombreros y valonas siguen en l651. Antes, en 1644, paga los derechos de la media anata por la ración que le otorgó Su Majestad en la casa de sus Altezas. Y en 1653 volvió a Játiva, para cuyo viaje le concedieron 200 reales.

De pocos truhanes se conservan tantos datos y ello indica su importancia. Es raro que Velázquez pasase sin retratarlo, pues incluso estuvieron en Zaragoza, de jornada, el mismo año de 1644, cuando retrató al enano don Diego de Acedo y al Rey. Yo sospecho que el retrato de un bufón existente en el Museo de Rouen, conocido por «El Geógrafo» por tener un globo terráqueo, y el del mismo personaje en el Museo de Arte de Toledo

(Ohio), con una copa en la mano, pueden representar a Bañules o a Manuel de Gante si no se trata de Pablillos de Valladolid, como sospechan algunos.

BARBARICA. Ver Asquín.

BÁRBOLA, BARBULA. MARÍA. V. Asquín.

BARBUDA DE PEÑARANDA. 1590.
Se llamaba Brígida del Río y se exhibía en Madrid el año citado (Justi). En los papeles de Palacio no se registra su nombre más que al citar su retrato en un Inventario de El Pardo de los años 1614 y 1617. (Oficios, leg. 26).

BARBUDA DE LOS ABRUZOS.
En poder del Duque de Lerma hay un retrato conocido por este nombre. En Palacio no hay huella de tal personaje.

BARTOLO O BARTOLILLO. Enano. 1621. 1626.
Fue en el séquito del Rey cuando la visita del Príncipe de Gales al Escorial el año 1623 (Viajes, leg. 2). Este año recibe 24 pares de zapatos y cuatro en los meses de enero y febrero del siguiente. A seis reales cada par. (Z. 2 y Z. 3). En 1625 recibe trajes (M. 7). Percibía dos raciones diarias (Nóminas, leg. 10), lo cual le representaba 8063 maravedíes.

BASCONCELLOS (FRANCISCO). Enano negro del Príncipe y luego de Su Majestad 1643-1653.
Al morir el negrillo Sebastián, pasaron a Basconcelos las dos raciones que aquél percibía por la Casa de la Reina. Sebastián que vivía en la casa del Contralor, murió el 17 de octubre de 1642. En 1645 recibe Basconcelos 100 ducados de vellón de a once reales, merced que se le concede anualmente, para vestirse, en lugar de una de las dos raciones que gozaba. Fue a la jornada de Málaga en 1648 para recibir a la Reina. Cobraba entonces por la

Despensa de Su Alteza y, no sabiendo firmar, firmaba por él don Juan de Peralta. Estos datos constan en: Tesorero de la Reina, leg. 8; Libro de Fallecimientos, n.º 628: Empleos, letra E; Libro n.º 632: Cuentas particulares, C. 7 y Z. 3; Expediente personal, V. 14.

BASETE O VASETE DE CHECA (MIGUEL). Enano. 1679.
Se le concede este año una ración, como la que gozaba el enano «Pato», por asistir a Palacio. (Expediente personal, B. 13).

BAUTISTA DEL AJEDREZ. Su nombre completo era Juan Bautista de Sevilla. 1637.
No era loco, ni enano, pero por jugar al ajedrez con el Rey figura entre la gente de placer en una relación del año apuntado. Sus datos son de Vestuario, leg. 2 y Cuentas particulares, C. 7.

BAZAHAR (MARÍA CATALINA). No es sino un error del amanuense, en vez de María Catalina Bazán.

BAZÁN (FRANCISCO). Loco, llamado vulgarmente «Ánima del Purgatorio». 1675-89.
El retrato que le hizo Carreño se conserva en el Museo del Prado. También le retrató Francisco de Herrera, el Mozo, juntamente con otros enanos, un negro, un perro de juguete, animales y un bosque; pintura grande, de 6 metros de ancho por 3 y medio de alto, que el año 1694 estaba ya maltratada y en dos pedazos. No se conserva (Inventario, 1686, Bellas Artes, legs. 1 y 9; Cuentas particulares, Z. 2).
Por las mercedes de vestidos se las puede seguir desde 1676 a 1689 (S. 4 y M. 13). Una vez le hacen un vestido de turco, otra, de soldado de la Guarda; y en otra ocasión le hacen una capa «gayada» de flores de lis con sus cascabeles, como a Juan Andrés, otro loco que sólo estuvo un año en Palacio y fue devuelto a Zaragoza.

BAZÁN (GENOBIEFA, GENOBEFA y GENOBIEFA, tres malas transcripciones de GENOVEVA). Enana. 1684-1687.

En algún documento se dice que era francesa y lo apoya su nombre de pila, que es de la Patrona de París. Era conocida por este nombre exclusivamente incluso en los asientos administrativos, pero, cuando al morir le pasan su ración a María Catalina Bazán, se dice en la orden que era hermana suya. (Expediente Personal, B. 14). En 1684 le regalan «dos briales para Genoviefa, Ropa de Chambre (sic) y basquiña para ésta; ropa para las camas de las enanas». (Carlos II, leg. 26).

En 1686 y 87 varios vestidos, incluso el hábito de San Agustín para amortajarla. (M. 13). Su muerte acaece en 6 de julio de 1687 y queda registrada en Asientos de Criados, 1682-1700, fol. 463.

BAZÁN (MARÍA CATALINA). Enana. 1680-1687.

Hermana de la anterior y por consiguiente francesa. Le llamaban «La Cato», «La Catto» y la «Catón», lo que hace pensar en que fuese rechoncha y hombruna. Por equivocación se le llama en un expediente María Catalina Bazahar. En 5 de octubre de 1680 se le hace merced de una ración y los asientos de esta merced son de 22 y 23 de noviembre. (Expediente personal, B. 14, Asientos de 1660-80, fol. 414 y Empleos, E.)

Por decreto del Rey, en 12 de julio se le agrega la «ración» que gozaba en la Casa de la Reina su hermana «Genobefa» para ayudar a mantenerse ella, su madre y otro hermano que tiene. (Mercedes, leg. 1). Además, gozaba de una gallina y «una vela de cera para alumbrarse en su posada». Mercedes, leg. 3), cosa de que disfrutaban también Genoveva y Miguelillo. (Empleos, E.).

Se pueden contar todos los vestidos que le conceden durante los años de 1683 a 1698 (Carlos II, leg. 26 y Cuentas Particulares, M. 131). Una vez le regala vestido la Duquesa de Medinaceli.

BERNARDICA O BERNARDA. Enana y loca. Es BERNARDA BLASCO. Ver ésta.

BILADONS (JUAN). Gigante. Era catalán. Fines del siglo XVI y primer cuarto del XVII.
No figura en cuentas de ninguna clase. Se sabe de él por los inventarios de pinturas, porque le retrataron con Rollizo, bufón de Felipe III.
El asiento que le corresponde en el inventario de 1636, (Sección Administrativa, leg. 9) dice:
Otro lienzo al olio y en él pintado un hombre gigante, cuerpo entero, vestido de pardo, con mangas blancas, con un rótulo encima de la cabeza, que dice: «Juan Biladons, catalán, labrador de 21 años de edad». Tiene en la mano una reja y, a los pies un arado y, a un lado, que se ase de la pretina, una figura de un retrato pequeño que es Rollizo, un truhán, vestido de naranjado acuchillado. Tiene de alto tres varas y de ancho vara y media.

BLASCO (ANA). Enana. 1677-1717.
Sacada de casa de sus padres, en Zaragoza, por Carlos II cuando estuvo allí en el año 1677, como también su hermano Juan, enano que tenía entonces tres años. Les concedieron ración doble.
En 1701 fueron desterrados los enanos por Orden Real y a Juan le tocó ir a Sevilla con 200 ducados para su alimento; al morir allí, en 1717, pide su hermana aclaración de nombres para poder cobrar. (Empleos, E.).

BLASCO (BERNARDA). Enana de la Reina y loca. 1675-1702.
Hay unos cuantos documentos que están a nombre de Bernarda o Bernardica exclusivamente, ninguno más temprano de 1675 ni más tardío de 1700, de modo que caen dentro de la vida de Bernarda Blasco y complementan su expediente administrativo. Ocurre con ella lo que con otros muchos, entre otros Nicolasito Pertusato y Mari-Bárbara Asquín, que figuran a ve-

ces con sólo el nombre de pila, y es preciso reunir muchos datos para llegar a identificarlos.

Bernarda Blasco recibe la merced de dos raciones y una gallina diarias en 16 de octubre de 1675. (Empleos, E. y Gratificaciones, fol. 80). En 1678 ordena la Reina que le pasen todos los días de verano cuatro libras de nieve y, en el invierno, el carbón que le corresponde. (B. 29). De 1680 a 1698, lienzo para camisas, briales y almillas; sábanas y almohadas, pañuelos, etcétera. Y para vestidos ricos. (Carlos II, leg. 26). Un decreto de 1681 ordena que por los Oficios de la Real Casa se cumpla con Bernarda Blasco otorgándole por la Cámara «una de las dos raciones que hoy tiene». (B. 291). Esto es frecuente porque la Real Casa se atrasaba en sus pagos. En 1691 sale una orden para «que se le asista diariamente con una libra de carnero además del goce que tiene». Desde 1690 tiene de gajes 39615 maravedís al año. Por merced particular goza los mismos gajes que una Dama de la Cámara. Desde 1702 se le formó nuevo pliego de gajes. (B. 29). Pueden contarse los vestidos que le concedieron durante los años 1685 y 96 en Cuentas Particulares, M. 13 y S. 4. Finalmente, un papel de 1700 (29 de julio) ordena «que se acuda con la nieve que se le solía dar a Bernarda, la enana que está en Santa Isabel», es decir, en el Convento. (Empleos, E).

BLASCO (JUAN). Enano. 1677-1717.
Vino de Zaragoza con su hermana Ana y murió en Sevilla, en el destierro. (Ver Blasco, Ana).
En 1685 (4 septiembre) se ordena que se le acuda con ración doble en vez de sencilla para que pueda alimentarse a sí y a un criado que le asiste y pagar la caso en que vive. (B. 29).

BODSON O HODSON (NICOLÁS). Enano inglés. 1678.
Es uno de los personajillos que ofrecen interés por los problemas que presenta. Mi convicción es que se trata del enano inglés atribuido comúnmente a Velázquez, menos por el señor Allende-Salazar que lo supone de Carreño, pintor de Carlos

II, a juzgar por la técnica. En favor de esta opinión podemos añadir entre otros datos éste: «N.º 512: Un retrato de Nicolás Jobsum, de vara y media de alto, de mano de Carreño, sin marco, tasado en seis doblones». (Inventario de Carlos II, Tomo I, fol. 99).

El nombre de este individuo se presenta en cinco formas: Bodson, Bodsum, Bodsun, Jobsum, Jodsum, según las recogía de oído el amanuense al hacer los inventarios o asientos. Las malas interpretaciones fonéticas son frecuentes en los documentos palaciegos, sobre todo cuando se trataba de nombres extranjeros. Las dos últimas formas podrían corresponder a los nombres Hodson o Hobson, ingleses.

Es evidente que Carreño pintó enanos y monstruos y que retrató a uno llamado Nicolás Jobsum, según el inventario citado y el cuadernillo 4 del leg. 1 de Testamentarías. Este personaje no puede identificarse en Palacio por aquella época sino con Nicolás Bodson, enano que en el año de 1678 recibe la misma merced de ración que el otro enano de aquel tiempo llamado Antonio Macareli, genovés. (Empleos, E.)

La tradición decía que el retratado era don Antonio «el inglés», pero el enano de este nombre y origen es muy anterior a Velázquez. Había muerto ya en 1614. Sería inglés, pero no se llamaba Antonio el que nos interesa.

Por otra parte, en 1677 trae de Flandes el Duque de Villahermosa un enano llamado Nicolás, que figura en las Cuentas Particulares de sastres y mercaderes de telas desde ese año hasta 1682. En estas partidas se omite el apellido, tal vez por lo dificultoso, de modo que dicen siempre: Nicolasito, el enano que mandó el Duque de Villahermosa (S. 4 y M. 3). ¿Se trata del mismo? Yo creo que sí. El mercader añadía aquella coletilla al nombre del enano para diferenciarlo de Nicolasito Pertusato que también vivía por entonces en Palacio, aunque ya con mayor categoría por haberle concedido la Reina el honor de Ayuda de Cámara, como merced extraordinaria. Si no admitimos que el Nicolasito enviado por el Duque era Nicolás Bodson o

Hodson, tendríamos que admitir tres enanos llamados Nicolás en aquellos años.

Resumen: Nicolás Bodson o Hodson, enano inglés enviado de Flandes en 1677, fue pintado por Carreño, pintor del Rey entonces, y ese que figura como siendo don Antonio y pintado por Velázquez, puede ser Nicolás Bodson o Antonio Macareli. (Ver éste).

BOLAN (JUANA). Loca. Ver «La Comendadora».

BONANI o BONAMIC (JUAN). Enano. 1606-1613.
Alguna vez aparece su nombre escrito Buenamí y Vonamí. «Unos calzones de raso de oro muy rico para Vonamí, enano». (Cuentas Particulares, C. 1).

Fue pintado juntamente con don Antonio (este sí puede ser «el inglés») por Pantoja de la Cruz, con el perro Bailan. (Inventarios, 1614-17, Oficios, leg. 26).

Acompañó a los reyes en diferentes jornadas, para las cuales le concedían una mula de silla y un carro. (Caballerizas, Cuentas, 1611-13).

CALABAZAS (DON JUAN) o también Calabacillas. Enano y truhán. 1630-39.

Fue retratado dos veces por Velázquez: uno de los retratos, el más antiguo, pertenece a la colección de H. Cook, Richmond, Inglaterra. El otro pertenece al Museo del Prado. En aquél aparece de pie, con una miniatura en una mano y un molinillo de juguete en la otra. En El Prado se le ve arrodillado y con unas calabazas alrededor, alusivas a su mote. Desde el Inventario de 1794 se le aplicó el sobrenombre de «Bobo de Coria» sin fundamento alguno.

Sirvió al Infante Cardenal y pasó a la servidumbre de Felipe IV en 1632. Es curiosa la ración que le pasaban según fuese día de carne o de pescado:

«Día de carne

8	panecillos comunes	37	maravedís
1	azumbre de vino	34	"
4	libras de nieve	26	"
1	libra de fruta	34	"
4	onzas de sebo	09	"
1	gallina	234	"
3	libras de carnero	108	"
1	libra de vaca	20	"
½	libra de tocino	16	"
	Total	518	"

Día de pescado

8	panecillos	37	maravedís
	vino	34	"
	nieve	26	"
	fruta	34	"
	sebo	09	"
	gallina	238	"
3	libras de Nal. a 32	96	"
8	huevos a		
	7 maravedís	56	"
½	libra de aceite	17	"
	Total	547	"»

Como los días de carne eran 210 y los de pescado 155, llegaba a cobrar por su ración anualmente 193565 maravedís.

Además de esta ración se le otorgó carruaje, mula y acémila. (Expediente C. 5). En la noche de Navidad percibía una libra de confitura como Soplillo, por la Furriera. (Oficios de boca, leg. 2).

El Catálogo del Museo del Prado no está en lo firme al decir que el segundo retrato se pintó hacia 1646-48, porque Calabazas murió en octubre de 1639. Este dato, desconocido hasta ahora, se encuentra en Cuentas del zapatero, Z. 2 y 3. La última nota relativa a él, dice «A Don Juan Calabazas se le dieron en los diez meses del año 1639, hasta que murió, doce pares de zapatos de cordobán de tres suelas». En las cuentas de este oficio se le sigue año por año desde su entrada en Palacio. No vivió en él arriba de nueve años.

Para ir a recibir al Rey que volvía de Barcelona, el año 1632, le regalan calzas para un vestido. Esto fue en 26 de mayo y, en 9 de noviembre, le dan un vestido de terciopelo labrado y otro más. (Calceteros, C. 1 y M. 8).

Caldo (La). Simple. 1694-96.
Estuvo en Palacio durante estos años y se sabe de ella por las mercedes de vestidos (M. 13).

Cañizares y Machado (Don José). Pigmeo. 1786-1801.
Casi a los cien años de desterrados los enanos del Palacio, envía el Virrey de Santa Fe este pigmeo, que a juzgar por los muchos papeles conservados dio bastante que hacer aún siendo tan pequeño.

En 1786 se le nombra criado distinguido de Su Majestad sin cargo fijo. En 1788 pide licencia para contraer matrimonio con Clara González, natural de Arganda. En 1793 se casa segunda vez, ahora con doña María Ibáñez. Cobra desde entonces 12000 reales al año. En 1779 son tantas sus deudas que han de encerrarle en la Casa de los Toribios de Sevilla y se ordena que la mitad de su sueldo se lo pasen a su mujer y la otra mitad al Juez de la Cámara para satisfacer las deudas y los gastos suyos. En 1800 le levanta el rey la reclusión que sufría en el Convento de Observantes de la Salceda. En 1801 le debía a su apoderado 7700 reales. Estando en la Salceda, fallece su mujer. (Carlos III y IV. Cámara, leg. 207).

Cárdenas (Juan de). Loco u hombre de placer. 1624-28.
Éste es el bufón torero que retrató Velázquez. Retrato perdido. En el año 1624 se le dieron unos borceguíes de lazo entero, más unas chinelas para los borceguíes, más dos pares de zapatos cada mes. Y lo mismo los años 1627 y 28. (Cuentas, Z. 2 y Z.

3). He hallado asientos de los vestidos que le concedieron en los años 1625 y 28 (M. 7 y 8). Aparece también en Nóminas, leg. 10, el año 1626, donde dice que le pasen «otro tanto como a Ravelo».

En su Expediente personal, (C. 20), hay una carta del Conde de los Arcos a don Carlos Sigoney (año 1627) que acusa lo exigente de su carácter:

Señor Sigoney. Don Juan de Cárdenas me mata aquí diciendo que no le quieren dar lo que Su Majestad manda se le dé para su regalo; Vuestra Majestad averigüe y se lo haga dar, porque yo no estoy para oírle.

Debió de morir hacia el 33, pues este año le pasan su ración al enano Pernia.

CARLITOS. (Su nombre completo: CARLOS DOMINGO CLOYO). Enano. 1684-93.

Desde 1684 a 1693 se le sigue en las Cuentas de Mercaderes (M. 13), por los vestidos que le conceden. Desde el 88 al 92 recibe sombreros (R. S. 1). En 1693 recibe 220 reales para vestir a su criado. (Sección Administrativa Empleos, E.) Y la carta de pago otorgada por él este año consta en el libro 2.º del Notario Arévalo, fol. 564. (Sección Jurídica). En este libro aparece su nombre completo.

CATALINA. Enana alemana. 1577-1603.

Se le conoce por los vestidos que le conceden estos años (M. 4 y 5). En Cuentas Particulares (M. 14) aparece su nombre completo, Catalina de Alter, al concedérsele telas para cama y vestidos, muchos vestidos.

CATALINA LA PORTUGUESA, o simplemente CATALINA LA LOCA. 1593-1603.

En Guardajoyas, leg. 28, aparece llamándose Hernández. El hecho de existir dos mujeres anormales al mismo tiempo y con el mismo nombre en Palacio, acarrea confusiones.

Figura en Beneficencia, leg. 1 donde consta que la Reina le hizo merced, por una vez, de 500 reales. Por llevarla del Pardo al Escorial, en noviembre de 1595, se le pagan al arriero 4 reales. (Relación del Despensero, en Maestro de la Cámara). Hubo un retrato suyo, de media figura, con manto blanco de viuda y sonaja en la mano, en el Guardajoyas de Felipe II.

CATO o CATÓN (La). Ver BAZÁN, MARÍA CATALINA.

CLAUDIO o CLAUDITO. Enano. 1621-22.
Venido Claudito. Existe una reclamación de 27 de mayo de 1621, por las raciones concedidas a él y a su ayo Gregorio de Vega. En 1622 aparece recibiendo merced de zapatos. (Empleos, E. y Cuentas de zapateros, Z. 2 y Z. 3). Este enano tuvo un hijo al cual regalan un vestido el año 1643. (Oficios, Guardarropa, 35).

CLOYO (CARLOS DOMINGO). Ver CARLITOS.

COMENDADORA (LA). Loca. 1634-36.
«1634. Que cuiden de la loca que llaman "La Comendadora" y a otra que se llama Juana Bolán y se le den dos raciones desde setiembre». (Sección Administrativa. Empleos, L. y H.).
En 24 de enero de 1635 se les cobran los derechos de la media anata. En 4 de septiembre de 1636 estaba en poder de Juan Vicente, criado del Conde Duque, juntamente con otra loca, y se ordena que aquél pague 6800 reales de vellón cada año como décima harte de la merced de dos raciones concedidas a ellas. (Medias anatas, leg. 2).

CORNELIO (CRISTÓBAL). Enano. Anterior a 1600.
«Otro retrato entero de Xpoval Cornelio, enano que fue del Príncipe don Carlos, al olio, sobre lienzo, vestido de colorado. Tiene vara y dos tercias de alto y vara y cinco dozavos de ancho». (Testamentaría de Felipe II, Tomo II, 809).

CRISTÓBAL, «EL CIEGO». Cantor y repentista, o sea, improvisador. 1635-1639.
Se apellidaba Martínez. Se incluye aquí porque en realidad era hombre de placer o juglar, que tomaba parte en las fiestas palatinas como los enanos y los locos.
En 1635 se le conceden dos raciones ordinarias y tiene que pagar 37500 maravedís por la media anata. En tal año le dotan de zapatos de tres suelas. (Z. 3).
En 1639 dirige un memorial al Rey solicitando que le vuelvan las raciones que le suspendieron desde que, a causa de la sarna que le pegó su hija, no pudo acudir a Palacio. Estoy necesitado, dice, «por no poder acudir a fiestas por la inquietud con que me tiene el dicho accidente». (Expediente Personal, M. 28).
Le conceden vestidos en 1635 y 36. (Cordonero, C. 7).

CRUZ (LUISA DE). Enana. 1624.
«El mismo día, a Luisa de la Cruz, enana, monja en la Concepción Francisca, cien reales, que son los que Su Majestad le solía dar». (Secretaría de la Cámara, leg. l).
Véase Luisa (Doña).

CURRO, y CURRILLO. Enano. 1677-95.
Vino de Zaragoza. Se le sigue durante estos años en las Cuentas particulares (M. 13, C. 7 y S. 4), por los vestidos que le regalan.

CHARELO (JUAN). Loco. 1051-58.
Fue criado del Duque de Medina. (Cuentas particulares Cordonero, C. 7). Aparece en relaciones de panes debidos a los criados (Maestro de la Cántara, 14) y en Cuentas Particulares (C. 10 y Z. 3).

DAROCA. Loco. 1621. (Alguna vez escrito Daroque).
En 1621 se ordena que se le dé al nuevo Loco Daroca la ración que se le daba a los locos y enanos. (Empleos, L. y H.)

En 1621 y 22 recibe zapatos (Z. 3).
En 1623 va con el rey al Escorial cuando éste llevó al Príncipe de Gales.
Su viuda, Juana Moreno, cobraba en 1669 una ración ordinaria. (Libro del Grefier. 1669-77).

DOMINICA. Enana. 1623-24.
Recibe merced de un par de zapatos cada mes, como «la Pela», otra enana. (Cuentas particulares, Z. 3).

ELENA (DOÑA). Enana de los Infantes. 1577-1615.
Su nombre completo era de Elena Fuerte. Se le rastrea durante estos años por los vestidos que le conceden. (M. 4, 5 y 6).
En 1579 le regala la Infanta doña Catalina diez y siete escudos de oro para unos botones de este metal. (Empleos, E.).
El mismo año queda registrada en el leg. 1 de Beneficencia. En 1591 conceden «cuatro varas y media de tafetán aterciopelado para una ropa a la niña sobrina de doña Elena, la enana, que se llama doña Candía (sic) Fuerte, que va a Saboya». (Cuentas particulares, M. 11).

ENANA DE DOÑA LEONOR PIMENTEL. 1650.
Vestidos para ella (Guardajoyas, leg. 28). No he logrado identificarla.

ENANO DEL DUQUE DE MEDINA DE LAS TORRES. Se le cita así en Cuentas particulares Z. 3. Debe tratarse de Charelo, Juan.

ESTANISLAO. Enano. 1563-1571. Alguna vez aparece su nombre en esta forma: Istanyslao.
Justi supone que es el enano regalado a Carlos V por Segismundo de Polonia. Parece que el Emperador le estimaba mucho por su agudeza y buenas maneras. Según un Inventario del año 1614-17 (Oficios, leg. 26) le retrató Ticiano, vestido de damasco colorado y con una lanza en la mano. Por aquellos

años estaba en el Pardo y lucía un marco dorado y negro. Según otro inventario, del año 1701, todavía seguía en el mismo sitio y con el n.º 75.

Aventuro aquí la hipótesis de que el enano pintado por Moro y conservado en el Louvre, es Estanislao. Y, en consecuencia, que este cuadro es el que figuró mucho tiempo en El Pardo como hecho por Ticiano.

Por las Cuentas de Mercaderes (M. 4) se averigua que Estanislao tuvo mayordomo y tres criados, a los cuales regalaban vestidos, aunque no tantos como al enano.

Se le encuentra también en las cuentas del zapatero (Z. 3), del calcetero (C. 1) y del gorrero (G. 2).

Estafanía (Catalina). Enana. 1570-93.

Existe una relación de los vestidos que se le dieron en 1570 (E. 15). Hacia el año 1585 debió de estar enferma, pues aparece en las Cuentas de Enfermería.

Perteneció primero a la Casa de la Princesa doña Juana de Portugal, y al morir ésta, pasó a la de la Reina con lo que gozaba en aquélla, esto es: comida en el Estado de Damas y una criada, lavado de ropas, cera y sebo. No le daban gajes ni ración de criado, pero se le daban vestidos. Al fin, en 1576 se le asignaron gajes.

Estevanillo o Estevanico. Enano. 1563-1568.

Fue compañero de Estanislao e igualmente atendido que éste. Tuvo un criado llamado Ortiz. En 1566 doraron «los yerros de una petrina para Estevanillo». (Cuentas Particulares, Z. 3, G. 2 y C. l).

Faxardo (Luis). Loco. 1690-93.

Únicamente sabemos de él por los vestidos que le regalaron en Palacio. (Cuentas Particulares, M. 13).

Fernández (Inés). Enana de la Reina. 1679-80.

Se le concede ración por servir en el cuarto de la Reina desde el día 18 de diciembre de 1679. (Mercedes, leg. 3, Empleos, F. y Expediente personal, F. 13).

FINAL (CATALINA DE). Enana. 1649.
En 27 de agosto, dirige a la Reina la petición de que se le asista con alimento y vestido como a los demás enanos. En esa fecha cumplía la reina sus quince años. (Empleos, E.)

FRANCO (PEDRO). Loco. 1646-60.
Alguna vez, por error, escriben su nombre Pedro Francisco. En julio de 1646 pagó la media anata por la merced de dos raciones ordinarias valuadas en 7500 maravedís al año. (Medias anatas, leg. 2 y Expediente personal, F. 38). En 1653 y 57 figura en lista de débitos de pan. (Maestro de la Cámara, 14). También se le sigue desde 1648 al 60 en Cuentas Particulares de Compradores (C. 10). Ver Pedro (Don).

ANTE, (MANUEL DE). Gentilhombre de placer. 1635-1669.
A juzgar por el título debió de ser un gran tipo en su género. Sólo otro loco fue titulado así, Manuel Gómez.
Pero hay otros datos que le acreditan como distinguido. En 1635 paga los derechos de media anata por las dos raciones que le conceden. (Expediente personal G. 8 y Medias anatas, leg. 2). En 1637 recibe ropas y se le llama despabilador del Rey, lo que parece indicar que era capaz de quitarle la murria al monarca cortando pabilos. (Guardajoyas, leg. 28).
Y del mismo año es este otro dato que también implica distinción: «A Manuel de Gante, gentil hombre de placer, su majestad, Dios le guarde, ha sido servido de hacerle merced de darle licencia para ir a Italia sin tiempo limitado, y que Floriana de Mercado, su mujer, goce el tiempo que él estuviere ausente las dos raciones que él tiene señaladas. Avísolo a Vuestra Señoría para que le mande dar despacho para la media anata. Guarde Nuestro Señor a Vuestra Señoría como deseo. Madrid, a 25 de

agosto de 1637. Gaspar de Fuensalida. Marqués de Torres, mi señor». (Expediente personal, G. 8).

Desde este año hasta 1641 faltan datos en todas las oficinas de Palacio, de modo que su viaje debió de durar cuatro años.

En 1641 recibe vestidos. (M. 10).

En 1642 firma recibo de su ración. (Pago de gajes a los criados, 1621-1625, Instrumentos, 1640-42).

En 1642 fue a la jornada de Aranjuez, como Bañules, los dos únicos. (Nóminas, leg. 10).

En 1645 y 46 recibe zapatos (Z. 2 y Z. 3) vestidos (Guardarropas, leg. 35). Por este tiempo le deben raciones de tortillas (Maestro de la Cámara, leg. 11). Desde 1646 a 60 se le sigue en Cuentas de Compradores, C. 10.

En 1652 se ordena que raciones las pueda gozar su mujer si le sobreviviere. (Expediente personal, G. 8).

En 1653 figura en lista de panes debidos. (Maestro de la Cámara, leg. 14).

En 1600, recibe ración de velas de sebo.

En los preparativos para jornadas al Pardo los años 1650, 51, 52 y 55 se dispone un carro para Manuel Gante, con la observación de «si fuere». En la del 55 fue con Manuel Gómez.

Desde 1640 al 67 en Cuentas del Cordonero C. 7.

Desde 1664 al 67, en Cuentas de Mercaderes, M. 12 y 13 y del Calcetero, C. 1.

El importe de sus dos raciones y cuatro onzas de sebo al día representaban al año 129876 maravedís.

A su hija, llamada Manuela Fitoria, le conceden también una ración ordinaria para tomar estado, y en la Casa de la Reina se le dio para su marido plaza de Ujier de Saleta (Libro del Grefier, n.º 102, Despacho del Director).

Falleció Gante en 1669. (Asientos y fallecimientos).

Como se trata de uno de los más famosos hombres de placer de Felipe IV, cuyos dichos pasaron a los Cronistas. (Véase Pellicer, Semanario erudito), parece raro que no lo retratase Velázquez. Ya al tratar de Bañules sugerí que éste o Gante podían ser el personaje del Museo de Rouen, conocido por «El Geógrafo» o el del Museo de Toledo (Ohio), que tienen una copa en la mano.

No sé de ningún otro loco tan favorecido con las distinciones mencionadas, que alcanzan a su familia.

Gasco de Guzmán (Catalina). Loca o mujer de placer. 1686-94. Conocida también por «La Visitor».

1686: «Catalina Gasco de Guzmán, que asiste todos los días en el Cuarto de la Reina, goza una ración ordinaria por ser sujeto del agrado de Su Majestad» (Mercedes, leg. 1).

1686: 90 vestidos para Catalina «la Visitor» y, una vez, para un hijo suyo. (Cuentas particulares, M. 13).

1686-92: Vestidos para ella y, en 1692, para su yerno, Pablo Bueno. (Carlos II, leg. 26).

1687 (10 agosto): Otro vestido para «la Visitor» (S. 13).

1694: «Falleció Catalina Gasco, mujer de placer que entraba en el cuarto de Su Majestad, el día 19 de julio de 1694». (Asientos y fallecimientos, libro 634).

Gabino. Enano. 1685-95.

Consta que vino este enano con la Marquesa de Osera y que le concedieron una ración ordinaria en 2 de agosto de 1685. A su madre se le asistió con otra ración, según orden de 27 de julio de 1690. (Empleos, E.).

La cuenta de sus zapatos parece fabulosa, pues sólo en tres años, de 1686 a 89, recibe 93 pares (Z. 2). Pero ya hemos visto, en algún otro caso, que se asignaban dos o tres pares al mes como una merced o gaje más.

Por los vestidos se le sigue desde 1688 al 95, en Cuentas particulares, M. 13, C. 7 y S. 4. Más en Carlos II, leg. 26.

En el Inventario de Carlos II, tomo 4.º, fol. 73, figura un retrato suyo de dos varas de alto y vara y cuarto de ancho, entre los lienzos del obrador de los Pintores de Cámara. Probablemente de Carreño.

Gigante (El). 1677-79.

Sólo sabemos que era negro. Se desconoce su nombre. Se le cita en las Cuentas de vestidos. (M. 13 y S. 4).

GENEVIVA. Ver BAZÁN (GENEVIEFA).
GÓMEZ (MANUEL). Hombre de placer. 1642- ca. 1669.
Por papeles ajenos a los documentos de Palacio se sabe que fue Ayuda de Cámara, ingenioso e influyente, tenido por profundo político y conocedor del hombre entre los diplomáticos. Tenía gran habilidad para remedar voces y gestos. Se lo disputaban los grandes en sus banquetes. Cuando se proyectaba el casamiento del Duque de Módena con la hija de don Luis de Haro, se le encargó de sondear la cuestión. Divertía grandemente a Felipe IV en sus melancolías, comunicándole todo lo que averiguaba en la Corte, dentro y fuera de Palacio. Parece que estos datos los tomó Justi de una carta del Conte Franc. Ottonelli al Duque de Módena, fechada en 23 de abril de 1652.

Por el Archivo de Palacio, sólo se sabe que en 22 de junio de 1642 le conceden seis varas de ruan para un vestido y que en 17 de septiembre del mismo año le dan un traje de 100 ducados en plata, de Orden de Su Majestad la Reina al salir ésta de su enfermedad en Zaragoza. (Oficios, Guardarropa, leg. 35).

De 1647 a 59 aparece en Cuentas particulares, C. 7.

Aparte de esto, existe un asiento que dice: «1669: Álvaro de Silva goza dos raciones ordinarias por hermano de Manuel Gómez, que fue gentilhombre de placer». (Libro del Grefier, n.º 102, fol. 48). Curioso que coincida en esto con Manuel de Gante y que muera en el mismo año. También coincide con él en haber estado en Italia, noticia que se debe a Justi.

GUILLERMO (DON). Enano. 1664-88.
Debe de ser el mismo que se cita más adelante, llamado Guillén Vicent, por ser mallorquino, o Guillermo Vicente al castellanizar sus nombres. Se apoya esta conjetura en dos motivos: en que coinciden los años de uno y otro y en que bajo el nombre de don Guillermo no hay más datos que los registros de los

vestidos que le concedieron, en tanto que bajo Guillén Vicent o Guillermo Vicente están las raciones que le daban como a todo enano. Aquí trasladamos, a pesar de la conjetura, los datos que aparecen a nombre de don Guillermo exclusivamente.

De 1664 a 1669 le conceden diferentes trajes y telas para camisas (M. 13) y sombreros (C. 7).

De 1667 a 70, calzones y otras prendas. (C. 1, paquete 1666-72).

De 1666 a 73, otros vestidos. (Guardarropa, Oficios, leg. 36).

Los datos posteriores en fecha están a nombre de Guillen Vicent.

HERNÁNDEZ (MADALENA). Loca de la Princesa. 1565.

En este año aparece repetidamente, por regalos de vestidos, en Cuentas Particulares, M. 4.

No debe confundirse con Madalena Ruiz, a quien muchas veces llaman simplemente Madalena, pues ésta era, además de loca, enana.

INÉS (DOÑA). Enana. 1680.

Sólo este dato de ella: «A doña Inés, enana que está en mi cuarto de camarera y goza de ración de Su Majestad». Un vestido. (Vestuario, leg. 4). Es Inés Fernández.

ISABELICA, LA CHOVA. (Chova es sinónimo de corneja). Loca. 1596-99.

En 1596 le regalan vestidos. (Cuentas Particulares, M. 11). En 1599 va con la Archiduquesa Margarita a Valencia y Barcelona. Van también Rollizo, el truhán, doña Elena, la enana y Vicentica, La Loca. (Jornadas, leg. 1).

De la calidad de los vestidos que le regalan puede juzgarse por este asiento del año 1599: «Primeramente, a Isabel, la loca un baquero y una vasquiña; el baquero, de terciopelo morado y amarillo, largueado con randas de oro y dos pares de mangas. La vasquiña, del mismo terciopelo con tres randas. Todo aforrado en bocací». (Guardajoyas, leg. 28, años de 1559-1620).

José (Don). Enano que está en casa de la Duquesa de Medina. 1685-1691.
Vestidos para él y para don Juan, enanos que vinieron de Milán. Vino también una enana que no se nombra. (Cuentas Particulares, M. 13).

Juan (Don). Enano que vino de Milán con los anteriores. 1685. Un vestido. (M. 13).

Juan Andrés. Loco. 1677.
Traído este año de Zaragoza, se le señala una ración como a la del enano Macareli (Antonio). Se le devuelve a Zaragoza el año siguiente. (Empleos, L). En este año le regalan un vestido (M. 13). Este loco no debió de dar resultado.

Juan Melchor. Enano y bufón portugués. 1685-1697.
En algunas cuentas le llaman Melchor a secas o simplemente don Juan. En 7 de enero de 1688 le hacen merced de «dos sombreros negros aforrados». Los de vestidos son muy frecuentes. (Cuentas particulares, R-S, 1, M. 13 y C. 7).

Juana, la Loca. Ver Muñoz, Juana.

Juanillo (Don). Truhán o loco. 1596-1632.
En 1596, merced de mercaderías para vestirle. (M. 11).
En 1608-09, calzones de terciopelo (C. 1).
En 1601, 1615, 1617 y 1620. vestidos para él, para su hija y una saya de gorguerán de pipiripao para su sobrina. (M. 5, 6 y 7).
En 1623 va al Escorial con el Rey y el Príncipe de Gales (Viajes, 2), como Daroca. Figura en las Nóminas (leg. 10) percibiendo lo que Rollizo. En 1632 le debían raciones de pan (Oficiales de boca). En 1609, 10 y 11 le conceden coche y mu-

las para las jornadas (Caballerizas, Cuentas, 1608-11).

LEFORT (Ana). Enana. 1650-58.
29 noviembre 1650. Orden sobre su ración «que será la misma que las de doña Juana de Auñón y doña Catalina de Rizo». (Empleos, E.).
1658. Se le pagan atrasos. En este asiento aparece su nombre mal escrito, dice, Anna Fort (Testamentaría de la Emperatriz doña María, Testamentarías, leg. 1).

LEZACANO (FRANCISCO). Enano. 1634-1649. Es conocido por «EL NIÑO DE VALLECAS».
En los documentos le llaman también «Lezcanillo» o el «enano vizcaíno». Por esto, por ser llamado de cuatro maneras diferentes, ha sido laboriosa la identificación de este personaje. El primer dato importante fue éste: «Un gabán de albornoz forrado en bayeta con bebederos de tafetán, del cual Su Majestad hizo merced con una montera a Francisco Lezcano, enano vizcaíno». (Guardarropa, leg. 1, año 1641).
Para este mismo traje consta en Cuentas particulares M. 10, que el año 1641 se dieron «5 varas de albornoz plateado para un gabán al enano vizcaíno». El segundo dato importante procede de las Cuentas particulares del zapatero, Z. 3, las cuales acusan el nombre de Lezcano desde 1635 (5 meses después de entrar en Palacio) hasta 1649 en que muere, salvo los años 1645-47, que estuvo fuera según averigüé. En tales asientos se dice: «A Francisco Lezcano, enano del Príncipe Nuestro Señor...». Este Príncipe era Baltasar Carlos, el cual tenía 6 años en 1635. Inmediatamente recordé el cuadro de Velázquez en Boston donde aparecen juntos el Príncipe niño y el enano. Ya no faltaba más que comparar las facciones de este enano con las del llamado Niño de Vallecas. Y surgió la identificación.
El Francisco Lezcano del Museo del Prado tiene algunos años más que el de Boston.
El tercer documento importante, que procede también de

Cuentas particulares, M. 8, dice: «1634: Tres varas de doblete verde de Valencia para ropilla y mangas de rueda a un enano vizcaíno, que el vestido era guarnecido con pasamanos de oro falso». La gorra era verde también. Faltábame saber si el enano del cuadro de Boston iría vestido de verde. Y el «Velázquez» de Justi me contestó afirmativamente. Ahora bien. Ceán Bermúdez, en Documentos inéditos, tomo 55, pág. 621, dice que este cuadro se pintó en 1634, que es la fecha del documento administrativo hallado por mí; luego se pintó el año mismo en que Lezcano entró al servicio del Príncipe, el cual tenía entonces cinco años, aunque representaba menos en la pintura.

En 1634 (7 agosto), año de su entrada en Palacio, le conceden una ración ordinaria. En 21 de octubre le hacen dos zapatos, y dice el asiento: «para el enano vizcaíno que tiene Encinillas, a quien Su Majestad hace merced». Este Encinillas era el famoso Marcos de Encinillas, Ayuda del Oficio de Guardajoyas entonces, que nueve años después mata a su mujer por celos, según se dijo, de otro enano, don Luis de Acedo, «el Primo».

La falta de su nombre en las cuentas del zapatero durante los años 1645 a 48, se repite en las del Cordonero, C. 7 y esta omisión se relaciona con un dato que hay en su Expediente personal, L. 16, que dice: 1648. El Rey ordena que vuelva a gozar «la ración que gozaba por mi casa antes de que hiciere ausencia».

No se sabe adónde fue. Probablemente a su tierra y por motivos de salud, pues muere al año de regresar, en octubre de 1649. Consta que en este año le ponen un criado a su servicio. (Sección Administrativa, Empleos, E.)

La ausencia de que hablamos ayuda para fechar el segundo retrato, o sea el del Museo del Prado. Entre 1645 a 48 no pudo pintarse. Se sabe que estuvo en Zaragoza cuando «El Primo» y «Morra» el año 44. En este año tendría unos 15 o 16 de edad, suponiendo que tuviera cinco o seis en 1634 al ser retratado con el Príncipe. Pues bien, por esa fecha debió de pintarse. Suponerle pintado al regreso de su viaje, o sea, durante el último año de su vida, sería admitir que representa unos veinte años, lo cual es inverosímil.

En el libro del doctor Marañón El Conde Duque de Olivares se dan ya por idénticos al Niño de Vallecas y al enano de Velázquez de Boston. Ahora sabemos cómo se llamaba de verdad y de dónde era. Más las fechas de sus retratos aproximadamente.

LÓPEZ (LUIS). Loco. 1563-1568.
En 1563 «unas calzas de paño colorado de Toledo para Luis López, loco del Príncipe Nuestro Señor». (Cuentas particulares, C. 1). Este príncipe era don Carlos.
En 1503, 67 y 68 le hacen merced de diversas prendas de vestir, gabán sayo y caperuza (M. 4).
Existió un retratillo suyo, al óleo, en el Guardajoyas de Felipe II.
Fue enterrado en Córdoba junto al actor y autor famoso Lope de Rueda, según dice Cervantes en el prólogo a sus dramas. Luego cabe pensar que fuese nacido allí.

LORENZO (DON). Loco u hombre de placer. 1624-25.
Estando Su Majestad en Aranjuez por el mes de mayo de 1624 le hizo merced a don Lorenzo el loco, de dos pares de zapatos cada mes y estuvo en Palacio 14 meses, que son 28 pares, a 9 reales, y unas botas de cordobán, de rodilleras, en 50 reales. (Cuentas particulares, Z. 2 y 3). En 1625 le regalan vestidos. (M. 7). Figura en las Nóminas. (leg. 9).

LUISA (DOÑA). Enana. 1577.
«Un vestido blanco para doña Luisa, enana en el Convento de la Concepción Jerónina». (Cuentas particulares, M. 4).
En la Concepción Francisca había por los años de 1624 una enana llamada doña Luisa de la Cruz que pudiera ser la misma, cambiada de convento. (Ver CRUZ, LUISA DE LA).

MACARELLI (ANTONIO). Enano y loco italiano. 1673-1693.
1673 le conceden dos pares de zapatos mensuales, a 16 reales el par. Y lo mismo los años 1674, 75 y 76.

Existe una orden de 1674 para que se le acuda con la misma ración que a Miguel Pol, otro enano. Esta ración era de 132612 maravedís al año. (Empleos, E. y Libro del Grefier n.º 102 fol. 77). Recibe vestidos desde el año 75 al 92, sin interrupción (M. 13). El año 80 regalan uno también a su hermano Marcos, enano igualmente. (Carlos II, leg. 26). Para éste, pide Antonio una ración en 1680, siéndole concedida, de tres reales diarios. (Empleos, E.).

En las Cuentas del Sombrerero (R.-S. 1) se le sigue desde 1688 al 93. Por cierto que en ellas escriben su nombre así: Macharely y Maquerili.

Finalmente, en su Expediente personal hay un oficio de 1693 que dice: «Habiendo concedido licencia por dos años a Antonio Macareli, enano que asiste a mi cuarto, para ir a Nápoles, su patria, os mando deis orden para que durante su ausencia de esta Corte se le acuda con el vestuario que goza por la Guardarropa. En Madrid, a 21 de abril de 1693.- Al Duque de Pastrana». Más otro oficio del Condestable de Castilla para que «se le asista con el goce que tiene sin novedad alguna durante aquellos dos años».

Va en las jornadas de Aranjuez y Escorial en 1675, 78, 81 y 85 con José de Alvarado, y Nicolasito el de Flandes siempre y, alguna vez con el Gigante, con Francisco Bazán o con Miguelito.

Fue retratado por Carreño en un lienzo donde figuraban también José de Alvarado, el loco, y un perro. Este dato es importante porque, de no ser Nicolás Bodson el tenido tradicionalmente por don Antonio «El Inglés», pudiera ser este Don Antonio Macarelli. Ver Alvarado).

MACARELLI (MARCOS). Enano. 1682-85.
En el expediente de Antonio se lee que pidió una ración para su hermano Marcos «que se halla en esta Corte en la indigencia». Y, en 1682, se le hace la merced de media ración. (Mercaderes de la Reina, Libro).

Muere en Toledo a 23 de agosto de 1685. (Certificación del Grefier en Toledo, libro. Sig. provisional 16).

El caso de Marcos es revelador de que no todos los enanos placían a los reyes o palatinos, pues aun siendo hermano de otro muy estimado, él andaba en la miseria.

MANUEL. Enano. 1696-98.
Aparece citado en el Expediente personal de su maestro de leer y escribir, Bartolomé Manrique, y en las Cuentas del zapatero durante los años 1696-98.

MANUEL, «Loco de las Furias». 1628.
Sólo aparece este año en Cuentas de Mercaderes, M. 8.

MARÍA DE TODO EL MUNDO. Loca. 1666-1680.
En 1666 le conceden vestido. (Guardarropa, leg. 36).
En 1677, una ración como al enano Macareli. (Empleos, L).
En 1680, la reina manda hacerle vestidos a ella y a Bernardica. (Carlos II, leg. 26).
Desde el año de 1623 al 46 hubo un dorador llamado Adán de todo Mundo. (Cuentas particulares, P. 4, y Tesorero de la Reina, 1). Probablemente serían llamados así por ser expósitos.

MARIQUITA «La Loca». 1637.
La tenía en su casa Simón de la Cuesta. (Cuentas Particulares, C. 7).

MARTA. Enana. 1689-94.
Muere en la última fecha. Su nombre sólo se registra en Cuentas particulares, S. 4 y M. 13.

MARTOS (DIEGO DE). Loco, hombre de placer, bufón, simple. De todas maneras se le llama en los documentos. 1640-1663.
A 4 de septiembre de 1640 paga la primera mitad de la media anata que le correspondía por las dos raciones que le concedió

Su Majestad valuadas en 37500 maravedís cada una. La otra mitad la paga en 18 de abril de 1641. (Medias anatas, leg. 2).
Durante este año estuvo ausente, a juzgar por la orden que manda se le sigan pasando las raciones a pesar de la ausencia. (Expediente Personal, M. 39 y Empleos, B.).
Desde 1640 al 49 se le sigue en las Cuentas (Z. 3 y M. 9 y 10). A su mujer le regalan un vestido en 1650 (Guardajoyas, leg. 28).
Le conceden cama con ropa y otras cosas durante los años 1641 y 52. (Oficios, leg. 35, Guardarropa).
En 1653 le debían panes (Maestro de la Cámara, leg. 14).
Aparece desde 1645 a 60 en Compradores, C. 10 y desde 1640 al 63 en Cuentas del Cordonero, C. 7 y Z. 2.
Existe una orden de 1659 en que se manda dar por vía de limosna, a Phelipe Ventura, hijo de Diego de Martos, vecino de Montoro, lo que importa una ración (522 ducados) sacándolos de los millones que le corresponden a dicha villa en los del Reino de Córdoba. En otros papeles se le llama sobrino en vez de hijo al tal Felipe Ventura. (Libro del Grefier, n.º 102, despacho del jefe).
Las mercedes de vestidos alcanzan a dos hermanos suyos y a un hijo durante los años 1640, 41 y 62. (Cuentas del Cordonero).

MELCHOR (JUAN). Ver JUAN MELCHOR.

MÉNDEZ (PEDRO). Enano. 1594.
Aparece en Cuentas Particulares. (M. 11). Era casado, pues regalan vestidos a su mujer.

MICHOL, o MISOL, y hasta MISSO. Enano.
Fue retratado por Carreño. «Un retrato de Michol, enano, con dos pájaros blancos y dos perrillos y unas frutas, de vara y media de alto, sin marco, original de Carreño», (Inventarios. leg. 1, año 1686, fol. 80). También consta en otro inventario de 1694.

MIGUELILLO, MIGUELITO, MIGUELICO. Enano. 1670-1700.
Tenía lacayo. Asistía al cuarto de la Reina y gozaba de ración de gallina y vela desde 1685. Fue con los Reyes a la jornada de Aranjuez en 1681.
En 1700. Libro de asientos, n.º 634, hay esta orden: «Por orden de Su Majestad se le suspende el goce que tenía por los Oficios de Panatería, Cava, Cerería y Guardamangier, desde 6 de abril, de 1700, como si muriese». Esto se debió a que Felipe V desterró a los enanos y demás sabandijas de la Corte.
Su nombre aparece en muchas Cuentas particulares de Sastres (S. E.), Mercaderes de telas v otros (M. 13, C. 7, Z. 2) y en Mercedes (leg. 3) y Guardarropa (Oficios, leg. 36).

MONSTRUA (LA).
Se llamaba Eugenia Martínez Vallejo. Era de Bárcenas. No figura en las Cuentas de Palacio, lo que hace pensar que no asistía a él más que en algunas fiestas y al obrador de Carreño, que la pintó vestida de rojo y desnuda. Ambos cuadros se conservan. El primero, en el Museo del Prado y el segundo en colección particular fuera de España. En éste, bajo figura de Baco. Pesaba cinco arrobas, a los seis años. (Inventario de 1686). Ver F. J. Sánchez Cantón y J. Allende-Salazar, Retratos del Museo del Prado.

MONTAÑA o MONTANA. Enano de la Reina. 1567.
En este año le regalan un jubón de raso pardo, una capa y una gorra de terciopelo negro. (Cuentas particulares, M. 4 y G. 2).

MORATA. Loco. 1519-1587.
De este personaje habla mucho Felipe II en las cartas a sus hijas escritas en Lisboa. (Véase el prólogo de este libro).
Fue retratado por Alonso Sánchez Coello. La descripción de este retrato en el Inventario de 1635, es como sigue:
«Otro lienzo al olio, muy grande, con moldura de madera en blanco, es retrato de Morata, un loco, que tiene un libro en la

mano y está leyendo en él y tiene puestos unos anteojos y está sentado en el campo entre unos países, y a los pies tiene unos libros y un conejuelo. Tiene de alto dos varas y tres cuartas y de ancho dos, poco más o menos y es de mano de Alonso Sánchez». (Cargo de Guardajoyas, Simón Rodríguez, año 1636. Inventarios, leg. 9).

Morata tenía su criado como casi todos estos anormales. Felipe II le profesaba extraordinario afecto y le toleraba malos genios como se ve en sus cartas.

Se le sigue en las Cuentas Particulares de mercaderes de telas (M. 4) y de calceteros (C. l).

MORENO (FRANCISCO). Enano. 1642-46.

Sólo se sabe de él por los vestidos (Guardarropa, Oficios, leg. 35 y Cuentas, M. 10).

MORRA (SEBASTIÁN DE). Enano. 1643-49.

1643: Su Majestad ordena que al venir este enano de Flandes, donde servía al Infante Cardenal, y ponerse al servicio del príncipe Baltasar Carlos, se le sigan pasando los mismos emolumentos y raciones por su Real casa. El mismo año le hacen merced de otra ración para su criado. (Expediente Personal, M. 99 y Empleos, E.)

En agosto paga la media anata por ellas, estando valuadas en 75000 maravedís al año. (Medias anatas, leg. 2).

En 1644 le conceden 200 reales de vellón como ayuda de costa, por una vez. (Libro del Grefier. Acuerdos del Bureo, 1637-46, fol. 153).

Los años de su vida en Palacio pueden seguirse por Cuentas particulares del Zapatero (Z. 2 y 3). Murió en octubre de 1649.

Sobre sus vestidos hay datos en M. 10 y Guardarropa, leg. 35.

De las cosas legadas por el príncipe Baltasar Carlos al morir, le corresponden a Morra un espadín de hierro plateado y dos

veneras de flor de lis picadas y caladas, con tahalí bordado de canutillo y lentejuelas, espada y daga de hierro plateado y no toda ella calada, menuda. Más otro cuchillo.
Es uno de los enanos retratados por Velázquez.

Muñoz (Juana). O simplemente «Juana la loca». 1603-1643.
Sobre prendas de vestir que le conceden, Cuentas particulares M. S. 6 y 9 y Guardajoyas, leg. 28.
Sobre una ración que le conceden el año de 1636, Empleos, L. y N. En este último documento aparece entre unos niños, sin que ella lo fuese.
Falleció en 28 de mayo de 1643 y desde el día siguiente se le bajan las dos raciones de que gozaba. (Fallecimientos, de criados, 1641-1660).

Nicolasito. Enano. 1677-82.
Lo envió desde Flandes el Duque de Villahermosa. En los documentos se consigna siempre que es el venido de Flandes, para que no se le confundiese con Nicolasito Pertusato que ya estaba en Palacio e incluso hecho ayuda de Cámara por merced especial de la Reina. Figura en Cuentas particulares, S. 4 y M. 13. También las Jornadas a Aranjuez y El Escorial los años 1678-81. A éstas va con Antonio Macareli y con José de Alvarado. Sospecho que este Nicolasito es Nicolás Bodson o Jodson. (Véase Bodson).

Niña encrespada (La).
Su retrato estuvo en el Pardo, como el de la Barbuda de Peñaranda. No consta su nombre en Cuentas ni en otros papeles palaciegos.

Niño de Vallecas (ver Lezcano)

Ochoa (Francisco de Ocariz y). Loco. 1633-1638.
En 1636 se le llamaba ya «vejete». En 17 de noviembre de 1633 se le señala la misma ración que a don Cristóbal de Per-

nia. (Empleos, L. y H.). En 1634, «que don Francisco de Ocariz y Ochoa, loco, pague 5100 maravedís en vellón por habérsele dado de aposento una casa de Blas López en la calle del Príncipe, que se tasó en 400 reales al año (Medias anatas, leg. 2). Es por consiguiente uno de los pocos de quien se sabe dónde vivía fuera de Palacio.

Con merced de zapatos aparece en los años 1635-37 (Z. 2 y 3). Desde el 35 al 38 en (Cuentas del Cordonero. C. 7). Y por los vestidos que le dieron durante el 36 y el 37, en Guardajoyas (leg. 28), y Vestuario, leg. 2.

En su Expediente personal (O. 2 y 3) hay una orden para que se le cobre la media anata en dos veces y que si la dilata se le reste la ración. Esto, en 1633. Y otra sobre que se le cobre a su viuda lo que seguía debiendo, de aquél mismo impuesto, al morir. Esto en 1638.

Pato. Enano. Antes de 1679. (V. Basete de Checa).

Don Pedro. Loco. 1645-1657.

Estando en la jornada de Zaragoza, mandó Su Majestad se vistiese a don Pedro, el loco. 490 reales costó todo el aderezo.

En 1651 le regalan vestido, valona y zapatos (Guardarropa, leg. 35). «Para cuando salió a la plaza don Pedro, loco, se le hizo un tocado judío con cartones y bocací engomado y dos modos de cuernos que tenía a los lados y se hicieron unos moldes de madera de la hechura, y costó 5 ducados, o sea 44 reales».

Se le encuentra desde 16419 a 57 en Cuentas particulares del Cordonero. (C. 7).

Tal vez este don Pedro y Pedro Franco sean uno mismo.

Pejerón. Loco. Bufón de Conde de Benavente según el Inventario de pinturas de 1600.

No hay rastro suyo en los papeles administrativos, lo que hace pensar en que le sostenía por completo aquel noble.

Su retrato hecho por Moro se conserva en el Museo del Prado y es gemelo de otro del mismo autor que tiene el Museo del Louvre que, según conjeturo, puede representar al Enano Estanislao.

Lo de que Pejerón pueda ser Pedro de Santorbas o de San Terbas, truhán del Emperador, según cree el señor Allende-Salazar, no he podido confirmarlo.

«Pejerón» parece, en efecto, un mote, más que un apellido, y tal vez sea un aumentativo de «peje» que se aplica al hombre sagaz e industrioso.

Pela (La). Enana. 1619-1641.

Se llamaba María González de Garnica. En las Cuentas del zapatero (Z. 3) de los años 1623, 24 se lee: «y para la Pela, enana, y Dominica, a razón de un par de zapatos cada mes para cada una».

En las Cuentas particulares (M. 7, 8 y 10) se le sigue desde 1619 a 1641 por los vestidos que le regalan. En uno de los asientos dice «a [...] que vino de Lisboa». No puede colegirse por este simple dato si era natural de allá o si volvía de un viaje, pero su apellido vasco decide a favor de lo segundo.

Pernia (Don Cristóbal de Castañeda y). Hombre de placer. 1633-1649.

1633: «El mismo día (3 de junio) despaché billete para el Tesorero por merced hecha a don Cristóbal de Pernia, hombre de placer, de dos raciones ordinarias que se valúan en 200 ducados, de que tocaron a la media anata cien ducados, que los hubo de entregar en dos pagas iguales». (Medias anatas, leg. 2).

En otro oficio tocante a la ración se dice que es la misma que se le daba a Don Juan de Cárdenas. (Expediente Personal, P. 35)

En las Cuentas particulares del Cordonero (C. 7) aparece el año 1647. En las del Mercader de telas (M. 8) el año 1634. Y en las del zapatero (Z. 3) los años 1647-49.

Es otro de los retratados por Velázquez.

PERTUSATO (NICOLASITO). Enano. 1650-1710.
Pertusato es el nombre de un cabo al sur de Córcega. Pero Nicolasito nació en Alejandría de la Pala, Estado de Milán. Su nombre, como el de muchos extranjeros, lo transcribían imprecisamente los amanuenses de Palacio y, andando el tiempo, los investigadores dividieron en dos personalidades la del homúnculo, de modo que Nicolás de Pertusato resultaba el Ayuda de Cámara y, Nicolás Portosato, el enano. Ordenados escrupulosamente los papeles de sus expedientes personales y las fichas sacadas de otros manuscritos puedo asegurar que se trata de un solo individuo. Y es el retratado por Velázquez en *Las Meninas*.

Si nos atuviésemos al expediente del enano, su vida palaciega empezaría el año 1650 y acabaría diez años después, en 1660, lo cual es falso, porque en las Cuentas de Mercaderes (M. 12 y 13) vemos que se le hacen vestidos sin interrupción desde 1659 hasta 1679. En ellas mismas se puede observar que, a partir de 1664, vacilan los escribientes en llamarle Nicolasito o Don Nicolás y, por esa fecha, es cuando el Rey le agrega otra merced a las dos que ya tenía, merced de enfermería y nueva ración como a una criada de la Cámara. Diez años después, en 1675, le asciende a Ayuda de Cámara, como merced particular. Y no hay por qué asustarse de que un enano consiguiere esta distinción, pues los Ayudas de Cámara no tenían que ser nobles ni adinerados. «Por la mucha necesidad en que se hallan los Ayudas de Cámara y de la Guardarropa ha mandado Su Majestad se les acuda puntualmente con lo que gozaban en la Despensa». (19 abril 1678). Entre ellos se citaba en este documento a Nicolás Pertusato.

El orden jerárquico en la Cámara, según las Etiquetas era, de arriba abajo, así: Gentil Hombre de Cámara, Sumiller, Camarero Mayor, Ayuda de Cámara y Mozo de Retrete. El Mozo no podía poner en el bufete cubierto las velas y candeleros, por ejemplo, sino que había de entregarlos al Ayuda, y éste los colocaba. El Ayuda hacía las camas a sus superiores y a él se la hacía el Mozo. Los Ayudas iban por la «vianda» a la cocina. En 1724 hay una controversia entre ellos y los criados de la cocina sobre la conducción de la vianda al cuarto del Rey.

Es verdad que tenían llave del Cuarto real, como los gentiles hombres, pero las Etiquetas se cuidan de marcar que están muy por bajo: «Ellos asisten al barrido, y cuando el Rey está en su cuarto harán todos los menesteres de los mozos, como barrer, limpiar las cortinas de las camas», etcétera. Ellos, en fin, están en la categoría del Barbero de corps y de los Ayudas del Guardarropa. Sus empleos eran de oficio, no de cargo, y así leemos: «Memoria de los Ayudas de Cámara y demás oficios dependientes del Sumiller de Corps». (1679).

Con esto debe bastar para desvanecer los escrúpulos que pudiera sentir alguien al ver que considerábamos posible la designación de un enano para Ayuda de Cámara. Pero agregaré todavía que el enano llamado «El Primo» fue honrado con una plaza de confianza también, en la Secretaría de la Cámara y de la Estampa, y que los bufones Manuel de Gante y Manuel de Alvarado fueron llamados «gentiles hombres de placer y que Miguel de Antona, otro bufón, recibió escudo heráldico de Felipe II.

En la biografía de Nicolasito, lo más interesante hasta ahora es que murió de 65 años (según mis cálculos) y sin herederos forzosos, dejando sus bienes a Doña Paula de Esquivias, «moza y mayor de 25 años», la cual otorga poder judicial a favor de don Jorge de Esquivias, cura de la Parroquia de San Nicolás (cercana a Palacio) que sería su hermano probablemente. Pertusato otorgó su testamento el año 1703 ante Sebastián Navarro, escribano de Su Majestad y, como era cerrado, se abrió ante don Manuel Riguero, Teniente Corregidor de Madrid, en 20 de junio de 1710. Por la cabeza del Testamento se conoce su patria.

Hasta 1718 hay papeles relativos a pagos por deudas a la parte legítima. Sería impropio y fatigante copiar aquí todos los documentos administrativos, relativos a sus goces de raciones y gajes, pero para desvanecer la posible duda de algún escéptico respecto a la identidad del enano y el Ayuda de Cámara, diré que en el Libro del Grefier (n.º 633, despacho principal del Archivo) figura en el índice su nombre así: Don Nicolás de Pertusato y que, buscadas las páginas, unas veces aparece así y otras Portosato.

Además, en el legajo 12 de Mercedes, hay varios asientos que no dejan lugar a dudas, correspondientes a los años 1663-66. Dicen al margen: «Ropa blanca para Nicolasito» y en el texto: «Por libranza de 1.º de agosto, ochocientos y nueve reales de más que di a don Nicolás Pertusato, para ropa blanca, como la gozaba «El Primo», de que Su Majestad le hizo merced». Esto se sigue repitiendo, y a partir de 1669 se le llama don Nicolás (al margen), no Nicolasito, seguramente por respeto a su mayor edad o a distinciones recibidas.

Entre los favores que le hicieron está el de «1247 doblones y medio, de a dos escudos de oro, que a razón de 60 reales cada uno, con el premio de cincuenta por ciento que es el valor que al presente tienen, hacen 74850 reales»; regalo de la Reina según orden del año 1687 a su Tesorero.

Además de las signaturas citadas, he utilizado las siguientes: Expedientes personales, P. 47 y P. 36. Oficios, Guardarropa, leg. 35. Asientos de criados, 1640-60, fols. 66, v. y 123, v.- Libro del Grefier, n.º 102.- Cuentas particulares, M. 12 y 13.- Mercedes (Despacho n.º 647).- Nóminas, 1665-84.- Empleos, Ayudas de Cámara, leg. 1.- Sección Judicial, Notario Arévalo, libro 2, fol. 399.

Polo (Miguel). Enano. 1672-81.

En la primera de estas dos fechas le hacen merced de una ración ordinaria, con una gallina más. (Expediente personal, P. 44 y Gratificaciones, leg. 2).

En 1675, 76, 80 y 81 recibe regalos de vestidos (Cuentas particulares, M. 13). En 14 de agosto de 1678 pide poder trasladar su ración a su hermano Ricardo Polo. (Empleos, E.).

Asistía al cuarto del Rey (Expediente personal, P. 44). Falleció en 7 de octubre de 1681. (Libro de Asientos y fallecimientos).

PORTUGUÉS (EL). Enano. 1696.
4 diciembre «Vestido que Su Majestad la Reina hizo merced al Portugués, enano del Rey». (Carlos II, leg. 26).
Sin duda se trata de Juan Melchor.

POPE (MARÍA) o también MARÍA PUPE y MARI PUPI. Enana. 1615-1637.
En muchos documentos se le llama «la enana francesa». Vino de Francia con los demás criados de la Princesa en 1615. (Viajes, 2 y Gajes a los criados, 1). Su mote, no apellido, significa pues «muñeca».

En 1616 (16 de abril) «se mandaron hacer por cuenta de Sus Altezas tres colchones de ruan para la enana francesa, con sus traveseros, a 28 reales arroba. Más dos cobertores de lana de Palencia para la dicha enana, a 28 reales cada uno, más un almofrex y una manga de sayal para la cama, que costó 14 ducados, 8 del almofrex y seis de la manga, y todo se entregó a su aya». (Cuentas de Tapicería).

En 1616, también: «Hizo para doña María Pupe, enana francesa, un verdugado de tafetán verde, con ribetes de arriba de raso y los de abajo de ruedo de terciopelo». (Cuentas particulares, Verdugadera, V. Z. 3).

En las Cuentas particulares de Mercaderes, M. 6 y 7 y Sastre, 4, constan los vestidos que le regalaron desde 1616 a 20.

Hay una orden de 1637 para que se le haga su asiento en la Cámara. (Empleos, E.)

PRIMO (El). Enano.
En su lugar (Ver Acedo, Don Diego), queda dicho lo más importante sobre este enano; pero aquí se reúnen los asientos, registros, etcétera, que figuran en los documentos bajo su mote, no bajo su nombre familiar.

Según mis observaciones, el mote se le comienza a dar hacia el año 1644. Y desde entonces se le llama de un modo o de otro, o de ambos modos en una misma cuenta. Así, en las del Zapatero (Z. 3), por las cuales se le sigue desde 1645 hasta 1657.

Como algún investigador no muy paciente puede caer en la creencia de que Acedo y El Primo son dos figuras distintas, copio este asiento que desvanecerá sus dudas:

1680. «Juan Díaz Rodero, Mercader del Rey Nuestro señor de Vuestra Majestad a Bernardo Pedrero, sobrino de don Diego de Acedo, el enano que llaman «El Primo» un vestido de las mismas mercaderías, cantidad de recados, etcétera». (Vestuario, leg. 4).

Durante los años 1650 y 51 recibía un par de zapatos cada mes, a 7 reales cada uno. (Z. 2).

Sobre sus vestidos hay datos en Guardarropa. (Oficios, leg. 35).

Por la Secretaría de la Cámara (Leg. 1) percibía 12 reales al mes, a partir del año 1653.

RAMOS (MARÍA). Loca o simple. 1681-89.

En 20 de mayo de 1681 manda la Reina se le dé una ración «como la que se estila dar a semejante género de personas» a una loca venida de Zaragoza que anda en su real cuarto. (Asientos, 1660-80, fol. 414 v.)

Existe un informe curioso del Marqués de Velada sobre si se le continúa la ración. Es de 1685 y dice en lo esencial: «Paso a manifestar a Vuestra Majestad que esta mujer es una loca que vino de Zaragoza el año de 1681 y estuvo en el Cuarto de la Reina Nuestra Señora algún tiempo, hasta que después, por darla delirios, pareció conveniente sacarla de Palacio, según se hizo con orden de Su Majestad, quien antecedentemente y estando ella en él, mandó que le asistiese con la ración mencionada para que se alimentase, y yo, en virtud de esto, previne que se acudiese al efecto, lo cual se ejecutó y después se ha hecho también hasta tanto que el Contralor de esta Real Casa ha reparado en que hallándose fuera de Palacio la referida María Ramos (está en Casa del Sobrestante de Coches de la Reina, porque el Marqués de Villalonga le encargó cuidarse de ella y de mantenerla con la insignada ración) no se le puede continuar por fija, menos que precediendo declaración y merced de Vuestra Majestad. Y así, en consecuencia de todo esto y de que esta mujer tuvo la dicha de estar en Palacio, habiéndola traído de Zaragoza con el fin de que sirviese de algún entretenimiento a su Majestad, hallándose ahora desamparada, me parece será justo [...] o se sirva ordenar sea restituida al Hospital de Zaragoza, donde estaba, para que allí la mantengan. Madrid, 13 agosto 1685».

Del año 1686 hay un documento que dice «María Ramos, loca que estuvo en Palacio y al presente se halla en la Casa de los locos, goza una ración ordinaria». Y, al margen: «Falleció en 28 de marzo de 1689» (Mercedes, leg. l).

Quedan rastros de ella en las Cuentas de vestidos (M. 13 y S. 3).

Su defunción consta además en el libro de Asientos y fallecimientos de 1682-90, n.º 634.

RANA (JUAN). Bufón. 1651.
La única noticia de este personaje es la siguiente:
Su Majestad, Dios la guarde, por su real orden escrita en Aranjuez en respuesta a carta mía de 24 de este, es servido de hacer merced a Juan Rana de una ración ordinaria que ha de gozar por la casa de la Reina Nuestra Señora en consideración de lo que la hace reír, y en esta conformidad se le apuntará en los libros para que se le acuda con ella desde la fecha de esta. En el Real Sitio del Buen Retiro, a 26 de abril de 1651. El Duque de Nájera a Simón de Alcántara, Grefier de la Reina.

RAVELO (MANUEL). Loco. 1591-1628.
Su mujer se llamaba Isabel de la Madriz. En 1597, a 28 de enero, dice un asiento: «70 ducados de a once reales que se dieron en mercaderías que lo montaron a Isabel la Madriz, mu-

jer de Ravelo para un vestido de que Su Alteza le hizo merced (Cuentas particulares, M. 11). Más 600 reales que se dieron en mercaderías que los montaron a Manuel Ravelo para otro vestido». Antes, en 1596, le regalaron para una capa y otras prendas. En las Cuentas de Mercaderes de telas y del zapatero (Z. 3 y M. 4, 7 y 8) se le sigue desde 1591 a 1628. En ellas se le llama unas veces loco y, otras, hombre de placer.

También hay datos acerca de ropas para él en Guardajoyas, leg. 28; en Nóminas de criados, leg. 10, donde se averigua que percibía dos raciones ordinarias y dos velas de sebo cada día, o sean 8311 maravedíes; en Cuentas de Caballerizas (1596-22) donde consta la ración de pienso para su caballo o mula de silla. Para el viaje de Aragón en 1626 llevó mula de silla. Estuvo en el Escorial con el Rey y el Príncipe de Gales el año 1623. (Viajes, 2).

Su viuda cobraba por la Despensa todavía en 1645. (Maestro de la Cámara, leg. 11).

REDONDO (JUAN). Enano. 1633-1652.

Este enano hizo estudios superiores. Caso único. Fue seminarista en el Escorial y el Rey le hizo merced de Racionero en la Catedral de Granada el año 1652.

En Cuentas particulares (M. 8 y 10) se le sigue desde 1633 a 1646. Le hacen unos vestidos llamados «de San Isidro», con mangas y gallaruza y montera de San Isidro. La ropa de colegial era de paño seceno de Cuenca, con paño azul de ídem para la beca y bonete. (Guardajoyas, leg. 35, año 1646). Este enano se vestía por Su Alteza, como Soplillo, Moreno y Morra.

No se sabe cuánto tiempo duraron sus estudios, pero al citarlo en las Cuentas particulares del zapatero (Z. 2 y 3) y del Cordonero (C. 7) que van de 1635 a 1646 aparece siempre su nombre con esta acotación: «que ha sido seminario en S. Lorenzo».

Su baja en Palacio consta en el Libro de Fallecimientos de criados (n.º 628). Fue baja al percibir la merced susodicha de Racionero de Granada.

Rey (Simón de). Enano. 1694-98.
1694: «Un sombrero de Codobeque para Simón Rey, enano de la Reina, en 18 reales».
1695: «Para Simón Rey y Melchor, portugués, enanos [...]» (Cuentas particulares, (R. S. 2). Este Melchor, portugués, es Juan Melchor.
Hay también datos de Simón en Cuentas particulares (Z. 2) y en Carlos II, leg. 26. En unas le llaman Simón a secas, en otras Simón Rey y en otras Simón de Rey.

Reyes (Mateo de los). Simple. 1680-1696.
En algún documento le llaman «inocente» en vez de simple.
«Vestido que Su Majestad hizo merced de limosna a Mateo de los Reyes simple, hijo de Mateo de los Reyes, correo que fue de la Caballeriza» (Carlos II, leg. 26). Más notas sobre vestidos que le regalaron hay en Cuentas particulares (M. 13 y S. 4).

Rivas (Miguel de). Enano. 1700.
9 de julio 1700: «Que se le integre en todo el goce que tenía en la Casa de la Reina». (Sección Administrativa, Empleos, E.).

Rivera (Juan de). Loco. 1676.
Su nombre no aparece más que durante este año de 1676 en que le regalan dos vestidos, uno de ellos con chambergo. (Cuentas particulares, S. 4 y M. 13).
En alguna ocasión le llaman simple en vez de loco.

Rizo (Catalina). Enana. 1633-1678.
Vino de Francia y se le consignó por enana de la Cámara como a la otra enana francesa María Pope. (Sección Administrativa, Empleos, E.)
En muchas ocasiones le llamaban Catalina a secas.
En 19 de julio de 1637 paga 12473 maravedís de media anata por una ración de enfermería valuada en 114333 y la ración de criada en 30414 maravedís. (Medias anatas, leg. 2).

Poco después, en 12 de septiembre, vuelve a pagar media anata por haberla recibido por de su Cámara la Reina.

Los vestidos que le concedieron desde 1633 a 1640 quedan registrados en Cuentas particulares (M. 9) y Guardarropa, (leg. 28).

Por el año 1663 ya se había trasladado a Francia, a servir a la Reina allá, y hay una orden para que se le conserve la ración que gozaba en Madrid y la de su criada. (Expediente personal, R. 19).

Muere en Francia, a 22 de marzo de 1678.

Rocaful (Juan). Bufón. 1623 y 24.

1623: «Que se le dé una vela de cera amarilla, de un cuarterón cada noche». (Sección Administrativa, Empleos, B).

1624. Ropas para él. (Guardajoyas, leg. 28).

Años más tarde, en 1632, aparece nombrado músico de Cámara un don Juan de Rocafull. ¿Es el mismo, que se integró a Palacio con empleo más serio? No lo creo. (Sección administrativa, Músicos de Cámara).

Rollizo (Diego Vázquez). Bufón. 1599-1626.

Estuvo casado. Su viuda aparece todavía, en 1645, en una lista de débitos de despensa. (Maestro de la Cámara, leg. 11).

Fue retratado al óleo más de una vez. Figura en un cuadro con el gigante Biladons (véase artículo de éste) y en «otro lienzo pintado al olio con un soldado de la Guarda, en que está Rollizo y un pájaro en lo alto». Estaba en el Zaguán del Palacio (Inventario de la Casa Real del Pardo, Guardajoyas, Oficios, leg. 26). Este inventario es de 1614 al 17. Los cuadros no se conservan.

La reina le hace varias mercedes de dinero, una en 1603 (11 de diciembre) de treinta escudos «por una vez», y, otra, en 1604 de 200 escudos de oro, que valen 80000 maravedís «por una vez». (Empleos, leg. 2 B.)

En Cuentas particulares C. 1 y M. 5 y en Guardajoyas, leg. 28, aparece desde 1599 por mercedes de prendas de vestir.

Por su ración ordinaria cobraba 4031 maravedís en el año 1626. Figura también en las Nóminas de criados, leg. 10.

RUIZ (MADALENA). Enana y loca. 1568-1605.
Esta es una de las figurillas inmortalizadas por Felipe II en las cartas desde Portugal a sus hijas y por el pintor Sánchez Coello. Uno de sus retratos existe aún en el Museo del Prado (Madrid), donde aparece junto a las faldas de la princesa Isabel Clara Eugenia.

El dato más antiguo que se conserva de ella es éste: (1568) «unos zapatos altos de cordobán colorado de dos suelas para Madalena Ruiz» (Z. 3). En otros legajos de Cuentas particulares (Z. 2, M. 4 y M. 11) y en Guardajoyas, leg. 28, se registran otros regalos de zapatos y vestidos.

En 1597 estaba en el Convento de Santa Isabel, retirada sin duda de Palacio por su pésimo estado. (Véanse las citas que hago de las cartas de don Felipe II en el prólogo, donde se alude a los ataques que sufría).

Madalena era aficionada a los toros, al baile y a la bebida. Murió en el Escorial, año de 1605, pues la partida de defunción existe en la iglesia parroquial de Abajo. (Niño Azcona: Felipe II y la Villa de Escorial, pág. 104).

De algún inventario de Palacio conservo esta nota: «Un retrato de medio cuerpo arriba de Madalena Ruiz, loca, vestida de negro, toca en puntas, mangas blancas y un abanico en la mano derecha y en la otra unos guantes».

SALGADO (BERNARDO). Simple. 1680.
Figura sin importancia. Aparece una sola vez en los documentos por merced de vestido. El asiento dice: «Vestido de limosna a [...] pobre y simple». (Carlos II, leg. 26).

SALVADOR (VIRGILIA DE). Enana de la Reina. 1660.
La merced de ración que le conceden consta en tres sitios: Empleos, E.: Gratificaciones, leg. 2 y Expediente personal, S. 13.

Santorbas (Pedro de). Truhán del Emperador.
Acaso aparezcan datos administrativos algún día en el Archivo de Simancas, rico en papeles del siglo XVI. En Madrid no encontramos el nombre de este bufón sino en los inventarios de pinturas.

En el de 1656 dice: «Más otro retrato al olio de medio cuerpo arriba, en lienzo, de Pedro Santorbas, truán del Emperador Carlos V, vestido de negro, con cuello escarolado y un palo en la mano derecha, de media vara y cuatro dedos de alto y menos de vara y media de ancho» (Guardajoyas, leg. 28).

Se ha querido identificar a este personaje con Pejerón, bufón del Conde de Benavente, pero no hay base para ello.

Habla de él fray Prudencio de Sandoval, llamándole Perico de Saterbas «hombre gracioso y apacible, sin ofender a nadie».

Sarda (La enana). 1689.
En Cuentas particulares, M. 13, figura este año una merced de vestido para la enana sarda. Me fue imposible identificarla.

Selterín (Ana). Enana. 1652.
Aparece en cuentas del bordador Gerónimo de Negrillas, B. 2.

Serojas. 1565.
No he podido averiguar quién es este personaje que aparece citado entre locos y enanos.

En Cuentas particulares, M. 4, hay un asiento correspondiente al año 1565 que dice: «jubones para Pasquín, criado de Serojas y otro para el loco de los Príncipes y otro para Estevanillo». (Los Príncipes aludidos eran los de Bohemia).

Serrano (Isabel)
Locas. 1601-11.

Serrano (María)
Aparecen en Cuentas particulares, M. 5, por vestidos recibidos.

Simón. Enano. 1697.
Discípulo de Bartolomé Manrique. Es, sin duda, Simón de Rey.

Soplillo (Miguel). Enano. 1615-1659.
Asistió a Palacio durante 44 años, muriendo en 22 de enero de 1659. Fue uno de los más queridos y favorecidos por Felipe IV, hasta el punto de ser retratado con él. El catálogo del Museo del Prado, al describir esta obra de Rodrigo de Villandrando, dice que Soplillo fue enviado de Flandes por doña Isabel Clara Eugenia a Felipe IV siendo éste Príncipe todavía.
La fecha de su muerte quedó registrada en el leg. 16 de Oficios de la Real Casa, al hablar de la ración de velas que percibía.
Su ración ordinaria de comida era de 18090 maravedís; mayor que la de otros. (Nóminas leg. 10). Se daban 48 reales al mes para salario de su criado y lavado de ropa. (Secretaría de la Cámara, años 1021-38). Recibía, además, tres pares de zapatos al mes, a cinco reales par. Los zapatos de rúa para las personas reales valían 9 reales y los de campo diez. (Cuentas del zapatero, Z. 3). Percibía también 16 arrobas de carbón cada mes. (Furriera, oficios, leg. 22).
Su nombre queda registrado en muchos documentos: Oficios de boca, Oficios, leg. 21; Vestuario, leg. 2; Cuentas del Maestro de Cámara, leg. 14; Zapatero, Z. 2; Cordonero, C. 7; Compradores, C. 10; Mercaderes de telas, M. 6, 7 y 8, además de los legajos arriba citados.

Sufía (Doña). Enana y menina. 1601-17.
Durante estos años recibe diferentes prendas de vestir y colchones. (Cuentas particulares, Mercaderes, M. 5 y 6).

Toquero (María). Enana. 1680.
Recibe merced de un vestido este año. (Vestuario, leg. 4).

URRO (ANA). Enana. 1689.
En el libro de Asientos y fallecimientos de criados, n.º 634, fol. 125, dice: «Merced de que se le asista con la ración que se acostumbra dar a las de su género». Y, al margen «Su nombre propio de esta enana es Elena». El hecho es que se la conocía por Ana Urro y así figura en su Expediente personal, U. 4, en Mercedes, leg. 1 y en Empleos, E. Aparte del dato de la ración y de que fue eximida de pagar la media anata, no sabemos otra cosa sino que asistía al Cuarto de la Reina.
Debió de durar muy poco en Palacio.

VALLADOLID (PABLO DE). Hombre de placer. 1632-1648.
Parece que murió en 2 de diciembre de este último año. No obstante, figura en las Cuentas del Zapatero de 1649 (Z. 3), sin duda en partidas de cobro atrasado.
En 1633, «paga de media anata 8438 maravedís por la merced de aposento que se le dio en casas de los herederos de Olarte, en la calle que baja de las de Ruy Gómez a San Juan».
En 1634, «Ángela Nardi, pintor de Su Majestad, por escritura que otorgó ante Diego de Ledesma, escribano en Torrelodones, se obligó de pagar para el dicho día del año siguiente 4219 maravedís en vellón por última paga de la media anata que tocó a pagar a Pablo de Valladolid de una casa de aposento que se le dio». (Medias anatas, leg. 2).
Al morir, ordena el Rey que pasen las dos raciones que gozaba a sus hijos, Isabel y Pablo, que en 1669 seguían cobrándola. (Libro del Grefier, 102). Le retrató Velázquez.
Sus mercedes de zapatos, vestidos y raciones pueden seguirse en Maestro de la Cámara, leg. 12; Vestuario, leg. 2: Cuentas particulares, M. 8, C. 7. y Z. 3.

VASCONCELOS (Francisco). Véase Basconcelos.

VICENT (GUILLÉN). Enano mallorquín, más conocido por Guillermo Vicente o don Guillermo. (Ver éste).

En 21 de febrero de 1666, orden de que pasen el asiento de su ración al Guardamangier de la Reina (Empleos, E.) En otros papeles de éstos se le llama Guillermo Vicente.

Gozaba de ración una gallina al día, otorgada por la Reina Gobernadora en 1665 y de dos raciones ordinarias concedidas en 1666.

En 1676 se le siguen pasando éstas, con nieve, carbón y una gallina al día, aunque estaba ausente. Se había ido a Mallorca, su tierra, y con la merced de gozar de ellas durante seis años para pagar acreedores y para gastos del viaje.

No obstante, tres años más tarde, en 1679, ordenan que se le suspenda la renta en Mallorca, pero que se le continúen las raciones en la Corte. Finalmente, en 1683, ordena Su Majestad que le sigan pasando las raciones que le concedió su madre. (Expediente personal, Ver 29).

Durante los años 1681 y 88 le regalaron vestidos; no se sabe si porque volvió a Madrid o si se los enviaban a Mallorca.

VICENTA O VICENTICA FERRER. Loca. 1587-1600.

Se conoce el nombre de su padre por una limosna de ocho ducados que le conceden en 1587; se llamaba Pedro Navarro. (Beneficencia, leg. 1). El Rey disponía de 66272 maravedís para estos actos, que distribuía el Limosnero Mayor por Real Orden.

Fue Vicentica de jornada a Barcelona en 1599-600 y le regalaron prendas de vestir, entre ellas un jubón con botones de plata y oro. (Jornadas, leg. 1). También recibió vestidos en los años 1588, 1594 y 95 (Mercedes, M. 11) y zapatos (Z. 3).

VICENTINO. Truhán. 1606-1609.

«Calzones de gorgarán, de primavera, blanco e dorado [...] a Vicentino, truhán». (Cuentas particulares, C. 1).

«Un coche de tres mulas para Vicentillo y don Juanillo». (Caballerizas, Cuentas 1608-11).

VIRGINIA. Enana. 1649-1657.
Creo que se trata de Virgilia de Salvador (Ver Salvador). De todos modos, bajo el simple nombre de Virginia recibe vestidos en 1649 (M. 10), zapatos desde 1650-57 (Z. 2 y 3) y medias y vestido en 1650 y 51. (Oficios, Guardarropa, leg. 35). En Cuentas particulares del Zapatero de los años 1652 y 53 (Z. 2) le llaman Virgilia.

VISITOR (LA). Véase Gasco de Guzmán.

VISO (CATALINA DEL). Loca o simple. 1643-1664.
En 12 de junio de 1643 le hizo Su Majestad merced de una ración ordinaria. (Asientos y fallecimientos, libro 632).
En 1644 le regalan vestidos. (M. 10).
En 1645, estando el Rey en Zaragoza, ordena que se le mande a ella «una pieza de media colonia carne de doncella y otra de colonia celeste». En noviembre del mismo año vuelve a mandar Su Majestad, desde Valencia, que le envíen a Catalina un manto, que costó 112 reales y, posteriormente, otro vestido. (Oficios, leg. 35, Guardarropa).
Otros datos de vestidos regalados, en Cuentas particulares (M. 12).

VIZCAÍNO. Enano.
Es Francisco Lezcano. Se le cita como vizcaíno en Cuentas particulares (Z. 3, M. 8 y 10, C. 1 y C. 7).

XAYAN O JAVAN (JUAN). Enano. 1606-1611.
En 1606 se le compra una escudilla. En 1610 (24 de diciembre) se pagan 11690 maravedís al entallador Francisco Dáquez, vecino de Madrid, por una cama de camino y un bufetillo para este enano. (Maestro de la Cámara, 1600-1618).
De 1611 es este asiento: «Por la ración de carbón que se da a don Juan Jayán, enano que está a cargo de Pedro Alosa, que son cuatro arrobas cada semana y por cada arroba dos reales y cuartillo, montan este mes 1377». (Oficios, leg. 20, Furriera).

Lista de negros, negrillos y niños que andaban en palacio

Alen Castro (Don Rodrigo de). Negrillo. 1596. Un vestido para él. (Cuentas particulares, M. 11).

Andresico. Niño. 1632. Para su vestido. (Cuentas particulares, M. 8).

Antoñica. Niña. Hija de Canencia. 1593. (M. 11).

Antoñico. Niño. 1674. Vestidos. (M. 13).

Cautiva (La). La llamaban Catalina de la Reina. 1649.

Damianico Bargas. Niño. 1636-37. «Zapatos de tres suelas a [...] que acude al aposento de Su Alteza» (Z. 3).

Dominguillo Omoruju. Niño. 1630-33. (Cuentas particulares, M. 8).

Filipilla. Niña. 1648, 49 y 50. Vestidos para ella. (Cuentas particulares, M. 10, y Guardajoyas, leg. 28).

GARCÍA (DIEGO). «Niño que aprende a pintar y se le llama pintor del Rey». 1665-67. (M. 12 y 13).

HIEROMICO. Niño, hijo de Canencia. 1593, (M. 11).

ISABEL. Mora. 1620. Tela para vestidos. (Cuentas particulares, M. 7).

JUAN CARLOS. Negrillo. En 1669 gozaba una ración ordinaria de 62,383 maravedís al año (Libro n.º 102). De 1675 a 83 le conceden vestidos y lo tenía en su casa Bartolomé Velarde, enseñándole ebanistería. (M. 13). En una relación de débitos de pan que abarca los años de 1680 a 83, figura él como acreedor de 465 panes, o sean 8370 maravedís.

JUSEPE. Negrillo. 1634.

JUSEPILLO. Niño. No parece el mismo que el anterior. 1618-40. Uno de los niños expósitos que por orden de la Reina criaba el contralor don Juan Nieto Hidalgo (personaje que aparece en la puerta del fondo de *Las Meninas*). La mujer de éste, doña Ana de Triviño, pide al Bureo que lo lleve al Seminario del Escorial por su mucha travesura. (Niños, Empleos, L. N.) En 1639 le dan ropas (Guardajoyas, leg. 28) y en 1640 le dan tela para el jubón de un vestido «que se le dio del cuerpo del Príncipe Baltasar Carlos», es decir, usado por Su Alteza. Por entonces le tenía en su casa Domingo de Herrera. (M. 9).

LORA. Turquilla. 1619. Telas para sus vestidos. (M. 7).

MANUELILLO. Niño. 1650.

MARCELA CARLOS. Negrilla. 1669. (Libro 102).

MARI-GOLILLA, O MARÍA GOLILLA. 1665-68. Por estos años estaba en Santa Isabel, y Su Majestad le hace merced de vestidos. (Cuentas particulares, M. 12 y 13, y Guardajoyas, leg. 36).

MÉDICIS (ANTONIA DE). Muchacha griega, cautiva, que se quedó en Palacio por orden de la Reina. 1680. (Expediente personal, M. 47). El año 1688 le conceden vestido y se halla en el Convento de Santa Isabel como Mari-Golilla. (M. 13).

MICAELICA. Niña. 1593. Hermana de Antoñica.

NIÑA ENCRESPADA (LA). 1614-17. Existió un retrato suyo con dos rosas en la mano derecha. (Inventarios. Oficios, 26, pág. 6).

REYES (LORENZO DE LOS). Negro. 1639-1699. Fue regalado por el Conde de Monterrey en 1639, como el negrito Sebastián. Estuvo al servicio del Príncipe Baltasar Carlos. Le hicieron portero del Guardamangier. Estuvo de Jornadas en Aragón, Alemania y Francia. (Experiencia personal, R 13, y Mercedes, leg. 1).

SEBASTIÁN. Negrillo. Muere en 1642 después de larga enfermedad. Estuvo al servicio del príncipe Baltasar Carlos desde 1639, como Lorenzo de los Reyes, y vivía en casa del Contralor. (Fallecimientos, 1641-60, libro 632, fol. 16).

TURQUILLA (LA). 1690-91. En los asientos aparece unas veces llamada así y, otras, la Turca de Buda o la Cautiva de Buda durante los años 1686 a 88. (M. 13). Volvió a Alemania.

VICENTICO. Niño. 1674. Vestidos para él. (M. 13).
Aparte de estos, hubo más negros y negrillos en Palacio, pero figuran en los documentos de una manera anónima. He aquí algunos ejemplos:

1620. Telas para vestidos a la negra cantora de la Princesa. (M. 7).
1643. Tela para un vestido al enano negro. (M. 10).
1645. Mandose que desde 1.º de abril no se les diese a las negras de Alcántara más que cuatro raciones de pan, una azumbre y media de vino, seis libras de carnero, media de tocino y no otra cosa alguna. (Fallecimientos, 1641-60).

www.ingramcontent.com/pod-product-compliance
Lightning Source LLC
Chambersburg PA
CBHW061337040426
42444CB00011B/2968